AF548581

Sieh, das Meſſer,
dich zu morden,
iſt bereits geſchliffen
worden

Kurt Reumann

Sieh, das Messer, dich zu morden, ist bereits geschliffen worden

Schauerballaden
und Moritaten

ihleo verlag

**Bibliografische Information
der Deutschen Nationalbibliothek**
Die Deutsche Nationalbibliothek verzeichnet diese Publikation
in der Deutschen Nationalbibliografie; detaillierte bibliografische
Daten sind im Internet über http://dnb.d-nb.de abrufbar.

Impressum

Illustrationen: Walter Draesner

Gesamtherstellung: ihleo verlag – Dr. Oliver Ihle
Schlossgang 10, 25813 Husum
info@ihleo.de, www.ihleo-verlag.de

ISBN 978-3-96666-089-1

Inhalt

Vorwort ... 7

Gruseliger Zeitvertreib ... 9
- Ja, ja, ja, ach ja, 's ist traurig, aber wahr ... 11
- Alles lieget im Ruin ... 15
- Tand, Tand ist das Gebilde von Menschenhand ... 19
- Massenmörder Haarmann ... 23

Raritäten, Raritäten ... 25
- Aus der Raritätenkammer des Lieben Gottes ... 26

Väter essen ihre Söhne:
Gräueltaten von Tantalos bis Orestes ... 41
- Tyndareos, der gute Stiefvater ... 50
- Orestes, der skrupelgeplagte Rächer ... 56
- Heinrich Schliemann und die Goldmaske ... 60
- „Sucht Schutz hinter hölzernen Mauern“: Die Seeschlacht von Salamis ... 61

Sieh das Messer, dich zu morden … ... 65
- Er zog ein blankes Messer raus, la la la ... 83
- Die listige Schäferin ... 87
- Werthers Angstgewinsel ... 89

Der Totentanz ... 97
- Trutz Tod, komm her! ... 98
- Auflehnung wider den Tod ... 100

Klassik ... 101
- Der Erlkönig ... 104
- Da lag Herr Oluf und war tot ... 107

Motive 115
Schöne Mädchen und Massaker 121
Und das hat mit ihrem Singen
die Lore-ley getan 131

Augenrollende Dramatik 137
Bänkellied oder Ballade? 137

Galgenvögel 153
Galgenvogel und Henkersmädel 154

Literaturverzeichnis 159

Vorwort

Morden ist menschlich. Menschen töten Menschen – aus Habgier, Eifersucht, Not, Überdruss am Partner, Machtgier und, das ist offenbar besonders menschlich, aus purer Lust am Töten. Noch menschlicher ist die Freude am Anhören von Geschichten über Morde. Um es mit Johann Wolfgang Goethe zu sagen: „Es ist wunderbar, dass der Mensch durch Schreckliches immer aufgeregt sein will. Es ist an Mord und Totschlag noch nicht genug, an Brand und Untergang; die Bänkelsänger müssen es an jeder Ecke wiederholen. Die guten Menschen wollen eingeschüchtert sein, um hinterdrein erst recht zu fühlen, wie schön und löblich es ist, frei Atem zu holen."[1] Der Moritat geht es allerdings nicht nur um Katharsis, um die Reinigung von Affekten wie Jammer und Rührung, Schrecken und Schauder. Sie vertreibt die Angst nicht vollständig und sie lässt die Frage offen, warum der Mensch so gern Mordgeschichten hört. Wir sind alle anfällig für das Ungeheuerliche.

Was meine Moritatensammlung von anderen unterscheidet, ist, dass ich auch die Mordgeschichten aus dem Alten Testament und die Kette der Gräueltaten aus der griechischen Mythologie von Tantalos bis Orestes mit einbeziehe. Das impliziert, dass nach der Darstellung von Mord und Totschlag die Frage nach Sühne, Vergebung und Erlösung aufgeworfen wird.

---

1 Goethe: Gespräche mit Eckermann, zitiert in Stemmle, Robert Adolf (Hg.): Ja, ja, ja, ach ja, 's ist traurig, aber wahr: Ergreifende Balladen und tragische Moritaten, Drehorgellieder und Gassenhauer / Zeichnungen von E. O. Plauen, Berlin-Schöneberg 1956, S. 21.

Gruseliger Zeitvertreib

Der Bänkelsang entfaltete vom 17. bis 19. Jahrhundert seine Blüte. Bänkelsänger zogen wie Vaganten von Ort zu Ort, um auf Jahrmärkten, Kirchweihen, den Märkten und Häfen der Städte sowie auf Dorfwiesen und Angern ihre Schauergeschichten und Moritaten (= Trakte über das gewaltsame Sterben) vorzutragen. Bei ihrem Auftritt stiegen die Sänger auf eine Holzbank (auf ein Bänkel!), damit man sie besser sehen könne. Der Barde steigerte die Dramatik seines Vortrags, indem er mit langem Stocke auf entsprechende Leinwandbilder oder Moritatentafeln hinwies. Der lange Zeigefinger! Außerdem konnte eine Drehorgel die Darbietung dudelnd und leiernd begleiten. Seit der zweiten Hälfte des 18. Jahrhunderts setzten die Bänkelsänger auch Guckkästen ein, die Jahrmarktbesucher einluden, durch ein Guckloch auf Bilder zu sehen. Mit Hilfe einer lupenartigen Linse wirkt der Apparat wie ein Vergrößerungsglas. Eine Art Nahsehen zur Erzeugung optischer Illusionen.

Bänkellieder wollten nicht nur über aktuelle Begebenheiten und Horrorgeschichten informieren, sondern auch unterhalten, die Zeit vertreiben. Es gibt Schauerballaden mit so vielen Strophen, dass man denkt, sie wollten gar nicht mehr aufhören. Die Moritat „Traurige und betrübte Folgen der schändlichen Eifersucht“ hat 36 Strophen à acht Zeilen;[2] die Mordgeschichte von Bretschneider über den jungen Werther 32 Strophen à vier Zeilen;[3] die Knittelballade „Herr Hadubrand“ und die Schauerballade über „Das Erdbeben von Lissabon“ zehn Strophen à acht Zeilen, um nur einige

---

2 Kaiser, Bruno (Hg.): Echte und falsche Moritaten : Vom Bänkelsang zu Friederike Kempner, Berlin 1955, S. 18–38.

3 Kaiser, B. (Hg.), a. a. O, S. 93–98.

zu nennen.[4] Heute haben die Massenmedien die Aufgabe des gruseligen Zeitvertreibs übernommen – vor allem das Fernsehen, die „Glotze": Unglücksfälle, Katastrophen und herzergreifende persönliche Heimsuchungen in aller Welt – und Krimis, Krimis, Krimis. Und was noch? Ach ja: Kochsendungen.

Moritaten sind Lieder über grausliche Novellen. Novelle kommt von italienisch *novella* (= Erzählung) über eine außerordentliche Neuigkeit. Aber es gibt auch Moritaten, die zum festen Repertoire der Bänkelsänger gehörten und deshalb immer und immer wieder gesungen wurden. Was dafür spricht, dass es nicht in erster Linie auf den Neuigkeitswert ankommt. Am besten, Schauerballaden folgen einem bekannten Muster, das durch ein jüngst vorgefallenes Ereignis aktualisiert wird. Unerlässlich ist es dagegen, dass Gruselllieder Authentizität besitzen: Sie sollen sich auf wahre Begebenheiten beziehen. Mithin dürfen sie keine Luftgespinste sein, sondern sie müssen wenigstens einen wahren Kern enthalten. So nähren sie das Gefühl: Das kann auch mir und dir passieren.

4 Richter, Lukas (Hg.): Die schreckliche Pulver-Explosion zu Harburg und andere echte und wahrhafte Moritaten / Bebildert von Werner Klemke. Berlin 1972, S. 5–7.

Ja, ja, ja, ach ja, 's ist traurig, aber wahr

Aus „Lieschen ging einmal spazieren", das, so die Volksliedersammlung „Deutscher Liederhort", um 1839 viel gesungen wurde, entstand um 1860 die Moritat mit dem Refrain „traurig, aber wahr".[5] Sie ist in vielen Versionen überliefert, die an verschiedenen Orten spielen. Das spricht dafür, dass die „wahre Geschichte" überall passieren kann. Meistens wird ein Mädchen verführt, geschwängert und im Stich gelassen. Hier sei das Beispiel vom schönen Lieschen zitiert, das R. A. Stemmle in seiner Sammlung „ja, ja, ja, ach ja, 's ist traurig aber wahr" auf S. 7–9 wiedergibt. Der Untertitel lautet: „Ergreifende Balladen und tragische Moritaten, Drehorgellieder und Gassenhauer". Erschienen ist das Buch im Verlag Gebrüder Weiss, Berlin-Schöneberg, 1956. Die Illustrationen stammen von E. O. Plauen (= Erich Ohser), dem Freund Erich Kästners. E. O. Plauen hat auch das unsterbliche Kinderbuch „Vater und Sohn" illustriert.

In dem Lied vom schönen Lieschen, entstanden um 1860, sitzt jeder Satz, jedes Wort. Am Anfang wird Lieschen mit einem Superlativ vorgestellt: „Lieschen war das schönste Mädchen wohl im ganzen Land." Sie ist das Subjekt des ersten Satzes. Im zweiten Satz folgt die andere Hauptfigur im Akkusativ: „Einen Jüngling aus dem Städtchen hat sie gut gekannt." Im Gegensatz zu Lieschen bleibt er anonym. Dann der Refrain als Kommentar. Was für ein Refrain! Mit seiner eindeutigen Zweideutigkeit treibt er einem Schauder über den Rücken: „ja, ja, ja, ach ja, 's ist traurig, aber wahr. Nein, nein, nein, ach nein, von einmal, da kann es nicht sein." Das

5 Erk, Ludwig (Hg.): Deutscher Liederhort: Auswahl der vorzüglichern deutschen Volkslieder aus der Vorzeit und der Gegenwart mit ihren eigenthümlichen Melodien, Band II, 1893, hier S. 514, N. 712

„Ja“ (gleich dreimal) signalisiert, dass sich die Geschichte wirklich zugetragen hat, das „Ach“, dass an ihr etwas faul ist. Das „Nein“ (ebenfalls dreimal) stellt das Vorhergesagte nicht in Frage. Es ist ein beschwörendes Nein: „Nein, nein, nein, ach nein, von einmal, da kann es nicht sein.“

Lieschen war das schönste Mädchen
Wohl im ganzen Land.
Einen Jüngling aus dem Städtchen
Hat sie gut gekannt.

(Refrain:)
Ja, ja, ja, ach ja,
’s ist traurig, aber wahr.
Nein, nein, nein, ach nein,
Von einmal, da kann es nicht sein.

„Lieschen, deine Wangen bleichen!“
Sprach die Mutter einst.
„Kind, das sind sehr böse Zeichen,
Sprich, warum du weinst!“

(Refrain)

„Wickele das Kind in Windeln,
Bring’s dem Jüngling hin.
Schreib dazu: Als Angebinde,
Weil ich Mutter bin.“

(Refrain)

Eine rote Blumendecke
Ziert jetzt Lieschens Grab.
Der Verführer steht von ferne
Und bereut die Tat.

(Refrain)

Lieschen überlebt die Geburt nicht. Ihr Verführer tritt zum ersten Mal als Subjekt auf; aber er bleibt namenlos. Der Liedermacher will nicht ihn persönlich, sondern alle Männer als Gefahr für junge Mädchen anprangern:

Drum, ihr Mädchen, lasst euch sagen:
Traut den Männern nicht;
Denn sie wollen euch verführen,
Weiter woll'n sie nichts.

(Refrain)

Bliebe noch zu sagen, dass die Formulierung „traurig, aber wahr“ den Verstand überstrapaziert. Sie klingt verdammt gut; doch das Aber ist unlogisch. Warum sollte nicht wahr sein, was traurig ist – und umgekehrt?

Alles lieget im Ruin

Die Wirklichkeit ist schlimmer als die Phantasie der Liedermacher. Auch deshalb dient sie den Bänkelsängern als Steinbruch für deren Schauerballaden. Lukas Richter hat „Echte und Wahrhafte Moritaten“ in seinem von Werner Klemke bebilderten Buch „Die schreckliche Pulver-Explosion zu Harburg“ gesammelt. Es beginnt mit dem „Erdbeben von Lissabon“, das 1755 mehr als 50 000 Seelen dahinraffte und die ganze Stadt zertrümmerte. Die Frage, wie der allmächtige Gott eine solche Katastrophe hat zulassen können, beschäftigte Dichter und Denker. Um nur einige Beispiele zu nennen: Voltaire („Poème sur le désastre de Lisbonne“ und Roman „Candide oder der Optimismus“, 1759), Kleist mit seiner Erzählung „Das Erdbeben in Chili“, 1807, und Reinhold Schneiders Erzählung „Das Erdbeben“, 1932.

Kommt und schauet mit Erstaunen

Kommt und schauet mit Erstaunen
Lissabon, die schöne Stadt,
Die Gott mit der Zornposaunen
Schrecklich heimgesuchet hat!
Sucht mit heißen Wehmutstränen
Und mit wahrer Herzensbuß
Seine Rache zu versühnen,
Fallet ihm betrübt zu Fuß!

Nehmet euch doch ein Exempel
An dem altberühmten Ort,
Seine Häuser, Schätz’ und Tempel
Sind nun leider alle fort!
Die Paläste sind zertrümmert,

Alles lieget im Ruin,
Und ein jeder seufzt bekümmert:
Ach, mein Gott, wo soll ich hin?

Über 50 000 Seelen
Liegen in dem Schutt zerstört;
Viele Tausend kann man zählen,
Die die Flamme hat zerstört;
Denn die Wut der Elemente
Ging vereinigt auf sie los
Und gab ihr zu allen Enden,
Lissabon, den letzten Stoß.

Mancher schrie mit düsterm Brüllen
Hie und da aus einem Loch;
Helft, ach, helft um Gottes willen;
Denn ich Armer lebe noch!
Aber da half nichts von Bitten:
Denn man hörte Schlag auf Schlag,
Und es ging auf allen Schritten
Jedem selbst das Unglück nach.

Auch die großen Majestäten
Mussten voller Angst und Not
Sich aus Belems Lusthaus retten
Vor dem jammersvollen Tod.
In gebrechlichen Karossen
Haben sie sich ganz allein
Viele Stunden eingeschlossen,
Dass sie möchten sicher sein.

Wo man nur fast hingesehen,
Sahe man mit Herzensleid
Jammersvolle Eltern stehen
Und getrennte Eheleut';

Arme Kinder, die voll Klagen
Fast über den Schutt und Stein
Mit betrübter Stimme fragen,
Wo doch ihre Eltern sein!

Die verlebten alten Greise
Krochen mit Erzittern her,
So als wenn die Todesreise
Aller Welt vorhanden wär'.
Jeder gab mit bangen Sinnen
Schon die letzte gute Nacht
Und hat sich mit tausend Tränen
Auf die harte Flucht gemacht.

Alles flohe voller Schrecken
In das offen freie Land
Und wollt' sich daselbst verstecken
Vor dem Ende dieser Welt.
Hunger, Kälte, Durst und Blöße
Folgten ihnen auf dem Fuß,
Und des Elends schwere Stöße
War'n ihr täglicher Genuss.

Doch umfing sie mit Erbarmen
Gott und ihres Königs Treu.
Dieser rief mit off'nen Armen:
Kommt, ihr Kinder, kommt herbei!
Kommt, weil ihr so viel gelitten,
Ich nehm euch mit Tränen ein,
Nehmt Baracken, Zelt und Hütten,
Wo ich bin, da sollt ihr sein!

Lasset diese doch zu Herzen,
Die ihr alle Christen seid,
Ach, wie bald kann man verscherzen

Diese edle Gnadenzeit!
Lasset euch von Sünden wecken,
Eh' des Höchsten Grimm erwacht,
Dass er nicht zu eurem Schrecken
Auch mit euch ein Ende macht.[6]

6 Anonymer Autor aus dem 18. Jahrhundert, in: Richter, L. (Hg.): a. a. O., S. 5–7.

Tand, Tand ist das Gebilde von Menschenhand

Die Auffassung, dass Menschenwerk eitel sei – in dem alten Sinne des Worts „eitel“ = vergeblich –, ist das Hauptmotiv des Barock. William Shakespeare hat es im Macbeth aufgegriffen: When shall we three meet again?, und Theodor Fontane hat eine Ballade daraus gemacht:

Die Brück' am Tay

Wann treffen wir drei wieder zusamm'?“
„Um die siebente Stund', am Brückendamm.“
„Am Mittelpfeiler.“
„Ich lösche die Flamm'.“
„Ich mit.“
„Ich komme vom Norden her.“
„Und ich von Süden.“
„Und ich vom Meer.“

„Hei, das gibt ein Ringelreihn,
Und die Brücke muss in den Grund hinein.“
„Und der Zug, der in die Brücke tritt
Um die siebente Stund'?“
„Ei der muss mit.“
„Muss mit.“
„Tand, Tand,
Ist das Gebilde von Menschenhand.“

Auf der Norderseite, das Brückenhaus –
Alle Fenster sehen nach Süden aus,
Und die Brücknersleut', ohne Rast und Ruh

Und in Bangen sehen nach Süden zu,
Sehen und warten, ob nicht ein Licht
Übers Wasser hin „ich komme“ spricht,
„Ich komme, trotz Nacht und Sturmesflug,
Ich, der Edinburger Zug.“

Und der Brückner jetzt: „Ich seh einen Schein
Am anderen Ufer. Das muss er sein.
Nun Mutter, weg mit dem bangen Traum,
Unser Johnie kommt und will seinen Baum,
Und was noch am Baume von Lichtern ist,
Zünd’ alles an wie zum heiligen Christ,
Der will heuer zweimal mit uns sein –
Und in elf Minuten ist er herein.“

Und es war der Zug. Am Süderturm
Keucht er vorbei jetzt gegen den Sturm,
Und Johnie spricht: „Die Brücke noch!
Aber was tut es, wir zwingen es doch.
Ein fester Kessel, ein doppelter Dampf,
Die bleiben Sieger in solchem Kampf,
Und wie’s auch rast und ringt und rennt,
Wir kriegen es unter: das Element.“

„Und unser Stolz ist unsre Brück’;
Ich lache, denk ich an früher zurück,
An all den Jammer und all die Not
Mit dem elend alten Schifferboot;
Wie manche liebe Christfestnacht
Hab ich im Fährhaus zugebracht,
Und sah unsrer Fenster lichten Schein,
Und zählte, und konnte nicht drüben sein.“

Auf der Norderseite, das Brückenhaus –
Alle Fenster sehen nach Süden aus,

Und die Brücknersleut' ohne Rast und Ruh
Und in Bangen sehen nach Süden zu;
Denn wütender wurde der Winde Spiel,
Und jetzt, als ob Feuer vom Himmel fiel',
Erglüht es in niederschießender Pracht
Überm Wasser unten ... Und wieder ist Nacht.

„Wann treffen wir drei wieder zusamm'?"
„Um Mitternacht, am Bergeskamm."
„Auf dem hohen Moor, am Erlenstamm."

„Ich komme."
„Ich mit."
„Ich nenn euch die Zahl."
„Und ich die Namen."
„Und ich die Qual."
„Hei! Wie Splitter brach das Gebälk entzwei."
„Tand, Tand,
ist das Gebilde von Menschenhand."[7]

Fontanes Ballade behandelt ein wahres Ereignis: den Einsturz der Firth-of-Tay-Brücke in Schottland am 28. Dezember 1879. Dabei wurde ein Eisenbahnzug mit 75 Insassen in die Tiefe, in den Tod gerissen. Fontane, der Schottland bereist hatte, verknüpft seine Darstellung mit William Shakespeares Hexen-Motiv in Macbeth. Die Moral von der Geschicht' ist die Warnung vor technikverliebter Hybris.

Apropos: In Deutschland sind 15 000 Brücken sanierungsbedürftig.

7 Fontane, Theodor: Die Brück am Tay (28. Dezember 1879). In: Ders.: Gedichte I, zweite durchges. u. erw. Auflage, Berlin 1995, S. 153–155 (Große Brandenburger Ausg.).

Massenmörder Haarmann

Moritaten wollen dem Zuhörer vor Augen und in die Ohren führen, dass auch ihm begegnen kann, was anderen an Hackebeilchen-Metzeleien widerfährt. So das Bänkellied vom Massenmörder Haarmann. Das ist nichts für kleine Kinder, die nachts ruhig schlafen sollen:

In Hannover an der Leine,
Rote Gasse Nummer acht,
Wohnt der Massenmörder Haarmann,
Der die Leute umgebracht.

(Refrain:)
Warte, warte nur ein Weilchen,
Bald kommt Haarmann auch zu dir,
Mit dem kleinen Hackebeilchen
Macht er Hackefleisch aus dir!

Aus den Augen macht er Sülze,
Aus dem Hintern macht er Speck,
Aus dem Darm, da macht er Würste
Und den Rest, den schmeißt er weg.

(Refrain)

Haarmann hat auch 'nen Gehilfen,
Franz heißt dieser junge Mann;
Und der lockte mit Behagen
Viele junge Männer an.

(Refrain)[8]

Viele junge Männer? Das ist ungewöhnlich. In der Regel müssen leichtgläubige Frauen dran glauben.

8 Verfasser des Textes ist unbekannt, gesungen wurde diese Version nach dem Lied „Warte, warte nur ein Weilchen, bald kommt auch das Glück zu dir" von Walter Kollo. Ein Liebeslied.

Raritäten, Raritäten

Bänkelsänger lockten die Schaulustigen mit ausgewählten Raritäten:

Raritäte sein ßu sehn, schöne Raritäte!
Hab' sie allen Leut' gezeigt in de gruße Städte:
Offizier und Musketier,
Jungfräulein und Kavalier,
Lauter schöne Leute.

Raritäte sein ßu sehn, allzu rare Saken,
Wie die Leut' auf Köpfe gehn und sick lustick maken.
Krumm und lahm und groß und klein,
Schöngeputzte Männerlein,
Präcktick anßuschaue.

Eine gruße Danßeplatz mit viel Musikante,
Jeder da hat seine Schatz, Freind und Anverwandte,
Tanst und sprinkt und guckt und lacht,
Dass davon der Boden kracht;
Jeder ßahlt ein Gröschel.[9]

Bares für Rares. Das Rare, das Seltene, Ausgefallene steht im Gegensatz zum Alltäglichen. Das Besondere enthält einen hohen Aufmerksamkeitswert, und den will der Bänkelsänger unbedingt erzielen. Aber er darf nicht den Eindruck verwischen, dass das Ungeheuerliche und das Alltägliche, das Rare und das Banale eine Ehe miteinander eingegangen sind.

---

9 Volkstümliches Lied, in: Erk, Ludwig (Hg.): Deutscher Liederhort III, 1894, Nr. 1722 „Berliner Guckkastenlied".

Aus der Raritätenkammer des Lieben Gottes

Die erste Sensation, die der Jahrmarktausrufer anpreist, ist die Geschichte von Adam und Eva. Das erste Liebespaar als Stars aus dem Raritätenkabinett, aus der Wunderkammer des Lieben Gottes – darauf muss man erst einmal kommen!

Raritäte sein ßu sehn! Hier das Paradiesel:
Ev und Adam drinne gehn, munter wie die Wiesel.
Und der Engel mit dem Schwert,
Wie er beide laufe lehrt!
Gruße Raritäte.[10]

Stemmle kommentiert, der Jahrmarktausrufer habe durch gebrochene Sprache vorgetäuscht, ein Ausländer zu sein. Ein Mann, der in der Welt herumgekommen ist.

Adam und Eva – das erste Liebespaar?

Es lässt sich trefflich darüber streiten, ob Adam und Eva wirklich das erste Liebespaar waren.[11]

Aber wir wollen hier nicht an dem alten Mythos rütteln und halten uns, wie das folgende Scherzlied, an das Alte Testament:

---

10 Lied des Guckkastenmannes, 1790. In: Stemmle; R. A: a. a. O., S. 96 f.

11 Hengge, Paul: Es steht in der Bibel: Auch Adam hatte eine Mutter, Norderstedt 2012.

Ich will euch mal singen ein Liedlein, ein nei's,
Vom Adam und Eva und vom Paradeis,
Tralalalala, tralalalala,
Vom Adam und Eva und vom Paradeis.

Einst ward Gott, dem Vater, die Zeit gar zu lang,
Da schuf er den Adam aus feinem Porzellan.
Tralalalala ...[12]

Dass Gott den ersten Menschen aus Langeweile geschaffen hätte, klingt „unbiblisch". Aber es gab im Altertum die Vorstellung, Gott hätte (oder die Götter hätten) das Menschengeschlecht ins Leben gerufen, um sich die Zeit zu vertreiben. Und es gab zum Beispiel bei den alten Griechen den Mythos, die Götter hätten den ersten Menschen aus Lehm geformt und ihm den Atem zum Leben eingehaucht. Göttlichen Atem. Der Gott des Alten Testaments hat Adam nach seinem Bilde erschaffen. Also auch göttergleich. Patriarchalisch war die Überzeugung, der Mann (Adam) sei vor der Frau da gewesen. Darin unterscheidet sich die biblische Legende von anderen Schöpfungsmythen, insbesondere auch von denen der Sumerer, die eine Frau (Nammu) als erstes Wesen behaupten, oder der Griechen mit ihrer Gaea (Gauam, Ge, Gäa etc.), der personifizierten Erde ihrer Mythologie. Wir fahren also fort mit der Version des Scherzlieds.

Als Adam nun schlief, da nahm er ihm heraus
Eine Rippe und machte die Eva daraus.
Tralalalala ...

---

12 Unbekannter Verfasser, in: Kretzschmer, August (Hg.): Deutsche Volkslieder mit ihren Original-Weisen, Erster Theil, Berlin 1840, S. 215.

Als Adam, als Adam die Eva geseh'n,
Da wollt' er gleich mit ihr spazieren geh'n.
Tralalalala …

Da sprach Gott, der Vater, ihr geht [rührt] mir nichts an!
Geht in den Garten und schaut euch den Apfelbaum an!
Tralalalala …

Von diesem zu essen ist streng euch verboten,
Fresst ihr mir vom Baum, kriegt ihr Schwerenoten!
Tralalalala …

Und die Slange und die Slange tät die Eva anreizen,
Sie möcht' doch mal in den Apfel reinbeißen.
Tralalalala …

Und die Eva und die Eva, die war auch so keck,
Sie nahm der Slange den Apfel gleich weg.
Tralalalala …

Aber Eva, aber Eva, die war nicht faul,
Sie steckte dem Adam den Apfel ins Maul.
Tralalalala …

Als Adam, als Adam den Apfel gebissen,
Da hat ihm der Teufel das Gewissen zerrissen.
Tralalalala …

Da rief Gott, der Vater, den Gabriel herbei
Und erzählte demselben die ganze Sauerei.
Tralalalala …

Der Erzengel Gabriel geriet in Zurn
Und kriegte die ganze Bagage bei den Urn.
Tralalalala …

Und der Engel Gabriel, der macht sich nichts draus
Und schmiss das Gesindel zum Paradies hinaus.
Tralalalala …

Nun geht in die Welt und thut euch bekehren
Und thut auch die Welt mit Kindern vermehren!
Tralalalala …
Und thut auch die Welt mit Kindern vermehren.[13]

Dieses Scherzlied versucht einen Schock durch einen Firlefanz zu lindern: Tralalalala. So ein Tralala oder Lalala kommt auch in den blutrünstigsten Moritaten vor. Halb so schlimm! Wirklich?

Eva auf dem Jahrmarkt

Die Ballade von Adam und Eva gibt es in verschiedenen Fassungen. Eine lässt Eva auf dem Jahrmarkt auftreten – trudirallallala:

Ich will euch erzählen ein Märchen, ein neu's
Von Adam und Eva im Paradeis.
Als unserem Herrgott die Zeit ward zu lang,
Da schuf er den Adam aus einem Stück Land.
Trudirallallala …

Drauf nahm er dem Adam eine Rippe heraus
Und machte Eva sechs Ellen lang draus.

13 Verfasser und Komponist unbekannt, in: Kretzschmer, A. (Hg.), a. a. O., S. 215–217.

Und als nun der Adam die Eva gesehn,
Da wollt' er gleich mit ihr nach Hause gehn.

Der Herrgott sprach, das geht mich nichts an,
Kommt her und seht euch den Appelboom an!

Doch davon zu nehmen ist strenges Verbot,
Und fresst ihr mir einen, so hau ich euch tot.

Die Eva, die Listige, die war nicht faul
Und steckte dem Adam 'nen Appel ins Maul.

Und als nun der Adam in 'nen Appel gebissen,
Da hat er vor Angst sich die Hosen zerrissen.

Der Herrgott, der rief nun den Erzmichel ran
Und befahl ihm: Nu hau mit der Fuchtel mal mang.

Der Erzmichel sprach, ich mach mir nichts draus
Und schmeiß die Bagage zum Garten hinaus.

O Adam, du Ochse, du Esel, du Rind,
Das hast du mit deinem Fressen verdient.

Die Eva, die sprach: Das ist ja recht dumm,
Nu zieh ich mit der Harf auf die Jahrmärkte rum.
Trudirallallalala.[14]

Diese Version macht aus dem Erzengel Gabriel den Erzmichel, der das Vorbild für den deutschen Michel abgibt. Außerdem bedient sie sich einer rohen Sprache, die das Holpern und Stolpern auf die Spitze treibt. So sprechen nur Rohlinge.

---

14 Schulten, Gustav (Hg.): Der große Kilometerstein, Wolfenbüttel 1962, S. 84f.

Die sinnliche Liebe entdeckten Adam und Eva erst mit dem Sündenfall. Sie führte zur Vertreibung aus dem Paradies. Ein Unglück? Wie man's nimmt. Man darf die Vertriebenen von nun an mit Recht als Liebespaar bezeichnen. Und der Auftrag des Erzengels Gabriel, sie sollten sich die Erde untertan machen, war so übel nicht. Auf jeden Fall hatten Adam und Eva Kinder, die kreuz und quer Kinder zeugten. Und damit fing alles Unglück an. Aber auch alles Glück.

Kain und Abel

Kain und Abel waren die bekanntesten Söhne von Adam und Eva. Abel war Schafhirte und Kain Ackerbauer. Beide wollten dem Herrn wohlgefallen. Der sesshafte Kain spendete ihm eine Gabe von den schönsten Ackerfrüchten; aber Gott beachtete sie nicht. Der Nomade Abel brachte dem Herrn ein Opfer von den Erstlingswürfen seiner am besten genährten Schafe und Gott nahm es mit Wohlgefallen an. Voller Neid und Wut erschlug Kain seinen Bruder, als er ihn auf dem Felde traf. (Gen. 4, 1–24.)

Der Kain, das war ein Bösewicht;
Er schonte selbst des Bruders nicht
Und schlug den armen Abel tot.
O Herr im Himmel, welche Not![15]

Der Herr, dem nichts entgeht, fragte Kain, wo sein Bruder sei, und der Mörder antwortete trotzig:

Soll ich meines Bruders Hüter sein?

Da zürnte Gott: Abels Blut schreit auf zu mir. Darum sei verflucht! Sei fern von dem Boden, der deines Bruders Blut

---

15 Unbekannter Autor

getrunken hat. Bebaust du ihn, gebe ich dir keine Ernte. Durchirre die Erde!

Das war die Höchststrafe für den bislang sesshaften Missetäter. Die zweite Vertreibung aus dem Paradies.

Kainsmal

Allerdings ließ der Herr Kain nicht fallen. Auf die Klage des Unbehausten, jeder dürfe ihm, dem Verfemten, das Leben nehmen, antwortete Gott: „Nein, wer den Kain erschlägt, verfalle siebenfach der Rache", und er machte ihm ein Zeichen, auf dass keiner ihn erschlage (Gen. 4, 3–15). Das Kainszeichen ist also nicht nur ein Merkmal für den Brudermord, sondern auch eine Warnung, dem Zwielichtigen nicht nach dem Leben zu trachten.

Die Vorgeschichte des, laut Bibel, ersten Mordes ist ebenso irritierend wie die Nachgeschichte. Wir überlassen es den Buchstabenklaubern, darüber zu streiten, ob wir etwa Nachkommen des Brudermörders Kain sind oder ob Kains Sprösslinge bei der Sintflut umgekommen sind und wir von Adams und Evas drittem Sohn Seth abstammen. Fest steht, dass der einzig Sympathische der ganzen Sippschaft, Abel, ohne Kinder starb.

Abel steh auf!

Die Lyrikerin Hilde Domin gehörte zu den Juden, die nach dem Zweiten Weltkrieg nach Deutschland zurückkehrten, nach Heidelberg. Sie sagte mir einmal, ihre Heimat sei die deutsche Sprache, und niemand könne auf längere Zeit fern der Heimat leben. Sie reiste von Schule zu Schule, um Freude an der Sprache und an Literatur zu wecken. Dabei vermied sie es, den Stoff aufzudrängen. Aber sie wollte ihn nahebringen, und das konnte keiner so überzeugend wie sie. Lesen lernen bedeutete für sie allerdings Arbeit. Was man von Literatur haben könne, müsse man lernen wie Autofahren oder Fußballspielen auch. Jedes Werk könne man immer wieder neu und anders lesen, je nach Alter und Erfahrung des Lesers. Daran liege es, dass jede Generation vor einer Art „Tischleindeckdich" sitze. Jeder Mensch bediene sich nach Lust und Laune aus dem Vorratsschrank der Menschheit. Nicht immer und zu jeder Stunde könne man auf alles Appetit haben. Aber es liege da und könne „aufgetaut" werden.

Ein schönes Beispiel dafür ist ihr Gedicht „Abel, steh auf!":

Abel steh auf!
Es muss neu gespielt werden,
Täglich muss neu gespielt werden,
Täglich muss die Antwort noch vor uns sein.
Die Antwort muss Ja sein können.
Wenn du nicht aufstehst, Abel,
Wie soll die Antwort,
Diese einzig wichtige Antwort,
Sich je verändern?
Wir können alle Kirchen schließen
Und alle Gesetzbücher abschaffen,
In allen Sprachen der Erde,
Wenn du nur aufstehst
Und es rückgängig machst:
Die erste falsche Antwort
Auf die einzige Frage,
Auf die es ankommt.
Steh auf,
Damit Kain sagt,
Damit er es sagen kann:
Ich bin dein Hüter,
Bruder,
Wie sollte ich nicht dein Hüter sein?

Täglich steh auf,
Damit wir es vor uns haben,
Dies Ja, ich bin hier,
Ich,
Dein Bruder,
Damit die Kinder Abels
Sich nicht mehr fürchten,
Weil Kain nicht Kain wird.
Ich schreibe dies,
Ich, ein Kind Abels,
und fürchte mich täglich
Vor der Antwort.
Die Luft in meiner Lunge wird weniger,
wie ich auf die Antwort warte.
Abel steh auf,
Damit es anders anfängt
zwischen uns allen.
Die Feuer, die brennen.
Das Feuer, das brennt auf der Erde,
Soll das Feuer von Abel sein,
Und am Schwanz der Raketen
Sollen die Feuer von Abel sein.[16]

Zu lange Haare

Stemmles Leierkastenmann berichtet über Raritäten, die jeder kennt. Über Seltenheiten und Seltsamkeiten: außer über Adam und Eva über Noah und seine Arche; über David, den Besieger des Riesen Goliath, über König Saul, König David und dessen Sohn Absalom. Absalom, der seinen Vater hatte stürzen wollen, floh vor den Soldaten seines Vaters auf ei-

16 Domin, Hilde: Abel steh auf. Hrsg. von Gerhard Mahr, Stuttgart 1979, S. 49 f.

nem Reittier, blieb mit seinen langen Haaren an den Zweigen einer Eiche hängen und wurde erschlagen (2. Samuel, 15–18). Im Lied des Guckkastenmanns wird das, wie folgt, wiedergegeben:

Absalom kommt angetrabt, bleibt im Eikbaum bummle.
'ätt er ein Perück ge'abt, könnt sick weiter tummle.
Aber ack, der arme Schurk!
Joab stak ihn durk und durk.
Mak nit mit ihm tausche.

Heute könnte man noch einen Seitenhieb auf junge Männer mit langen Haaren hinzufügen. Auf jeden Fall serr lehrreik für alle![17]

War einst ein Riese und ein zarter Held

Matthias Claudius, der uns das Gute-Nacht-Lied „Der Mond ist aufgegangen" schenkte, hat auch eine Ballade über Goliath und David geschrieben. David soll um 1000 vor Christus gelebt haben:

Die Geschichte von Goliath und David

War einst ein Riese Goliath
Gar ein gefährlich Mann!
Er hatte Tressen auf dem Hut
Mit einem Klunker dran.
Und einen Rock von Drape d'argent
Und alles so nach advenant.

17 Riha, Karl (Hg.): Das Moritatenbuch, Frankfurt am Main 1981, S. 29.

An seinen Schnurrbart sah man nur
Mit Gräsen und mit Graus.
Und dabei sah er von Natur
Pur wie der … aus.
Sein Sarras war, man glaubt es kaum,
So groß schier als ein Weberbaum.

Er hatte Knochen wie ein Gaul
Und eine freche Stirn
Und ein entsetzlich großes Maul
Und nur ein kleines Hirn:
Gab jedem einen Rippenstoß
Und flunkerte und prahlte groß.

So kam er alle Tage her
Und sprach Israel Hohn:
„Wer ist der Mann? Wer wagt's mit mir?
Sei Vater oder Sohn.
Er komme her, der Lumpenhund,
Ich bax'n nieder auf den Grund."

Da kam in seinem Schäferrock
Ein Jüngling zart und fein;
Er hatte nichts als seinen Stock,
Als Schleuder und den Stein
Und sprach: „Du hast viel Stolz und Wehr;
Ich komm im Namen Gottes her."

Und damit schleudert er auf ihn
Und traf die Stirne gar;
Da fiel der große Esel hin,
So lang und dick er war.
Und David haut in guter Ruh
Ihm nun den Kopf ab noch dazu.

Trau nicht auf deinen Tressenhut,
Noch auf den Klunker dran!
Ein großes Maul es auch nicht tut:
Das lern' vom langen Mann;
Und von dem kleinen lerne wohl:
Wie man mit Ehren fechten soll.[18]

Auch der strahlende David hatte seine Schattenseiten. So schwängerte er Bathseba, die mit Urija verheiratet war, schickte Urija in die Schlacht und ließ ihn auf dem Schlachtfeld töten (2. Buch Samuel). Das wäre ein vorzüglicher Stoff für eine Moritat nach dem Motto: über ungewöhnliche Sünder für gewöhnliche Sünder.

Flammenschrift an der Wand

597 v. Christus eroberte der babylonische König Nebukadnezar II. Jerusalem und das Königreich Juda. Ein wesentlicher Teil der jüdischen Bevölkerung, vor allem Angehörige der Oberschicht, wurde nach Babylon ins Exil geführt und dort angesiedelt (A. T., Jeremia, 52, 28–30). Die babylonische „Gefangenschaft" soll 70 Jahre lang gedauert haben. Sie wurde nach der Eroberung Babylons durch Kyros II. 539 v. Chr. beendet.

Man mag sich darüber streiten, ob Babel ein Sündenpfuhl gewesen ist. Luther sprach voller Empörung von der „Hure Babel". Aber Babylon wird auch nicht sündiger gewesen sein als andere Großstädte. Allerdings war die sumerische Religion polytheistisch. Man verehrte Marduk, Ischtar, Enlil und Ea. Offenbar war es auch den Juden erlaubt, einen Tem-

18 In: Köhler, Ralf (Hg.): Deutsche Balladen. Von Matthias Claudius bis Wolf Biermann. Frankfurt/Main und Leipzig 1993, S. 7f.

pel für ihren Gott Jehova zu errichten. Aber für ihn hatten die Machthaber nur Spott und Hohn übrig. So wie der babylonische Kronprinz Belsazar, der von 552–543 in Babel die Regierungsgeschäfte geführt hat. Heinrich Heine hat über ihn eine Schauerballade geschrieben.[19]

Belsazar

Die Mitternacht zog näher schon
In stiller Ruh lag Babylon.

Nur oben in des Königs Schloss
Da flackert's, lärmt des Königs Tross.

Dort oben in dem Königssaal
Belsazar hielt sein Königsmahl.

Die Knechte saßen in schimmernden Reih'n
Und leerten die Becher mit funkelndem Wein.

Es klirrten die Becher, es jauchzten die Knecht;
So klang es dem störrigen Könige recht.

Des Königs Wangen leuchten Glut;
Im Wein erwuchs ihm kecker Mut.

Und blindlings reißt der Mut ihn fort;
Und er lästert die Gottheit mit sündigem Wort.

Und er brüstet sich frech und lästert wild;
Die Knechtenschar ihm Beifall brüllt.

---

19 Heinrich Heine, in: Klenze, Camillo von (Hg.): Deutsche Gedichte, New York 1895, S. 206 f.

Der König rief mit stolzem Blick,
Der Diener eilt und kehrt zurück.

Er trug viel gülden Gerät auf dem Haupt;
Das war aus dem Tempel Jehovas geraubt.

Und der König ergriff mit frevler Hand
Einen heiligen Becher, gefüllt bis am Rand.

Und leert ihn hastig bis auf den Grund
Und rufet laut mit schäumendem Mund:

Jehova, dir künd' ich auf ewig Hohn,
ICH bin der König von Babylon.

Doch kaum das grause Wort verklang,
Dem König ward's heimlich im Busen bang.

Das gellende Lachen verstummte zumal;
Es wurde leichenstill im Saal.

Und sieh, und sieh! An weißer Wand,
Da kam's hervor wie Menschenhand.

Und schrieb und schrieb an weißer Wand
Buchstaben von Feuer, und schrieb und schwand.

Der König stieren Blicks da saß,
Mit schlotternden Knien und totenblass.

Die Knechtenschar saß kalt durchgraut
Und saß gar still, gab keinen Laut.

Die Magier kamen, doch keiner verstand
Zu deuten die Flammenschrift an der Wand.

Belsazar ward aber in selbiger Nacht
Von seinen Knechten umgebracht.

Das Alte Testament ist viel mehr als eine Moritat. Es liefert immer wieder Zutaten auch für zeitgenössische Schauergeschichten über Mord und Tod. Damit können nur die Gräuelgeschichten aus der griechischen Mythologie konkurrieren, die gleichzeitig darüber nachdenken lassen, was das denn sei: Sünde.

Väter essen ihre Söhne

Gräueltaten von Tantalos bis Orestes

Tantalos

Tantalos ist der Erzsünder der griechischen Mythologie. Ein Sünder aus bestem Hause. Er war der uneheliche Sohn des göttlichen Herumtreibers Zeus. Wer seine Mutter war, ist umstritten. Die meisten nennen die Okeanide Pluto. Sie war eine Tochter des Okeanos und der Thetis. Jedenfalls war Tantalos von väterlicher wie von mütterlicher Seite her göttlicher Herkunft. Trotzdem galt er als Sterblicher. In der Regel wird er in Lydien oder Phrygien verortet, also an der Mittelmeerküste Kleinasiens, und zwar als steinreicher König (ein Tantalon war ein großes Goldmaß).

Bei den Göttern ging der Zeusliebling aus und ein und nahm sich manche Frechheit heraus. In Erinnerung blieb er wegen seiner letzten Untat: Er lud die Unsterblichen zu sich zu Gast und setzte ihnen seinen eigenen Sohn, in Stücke geschnitten und gekocht, zum Mahle vor. Das Motiv war Hybris (= Hochmut, Vermessenheit, die Anmaßung, es den Göttern gleichtun oder sie gar übertreffen zu wollen): Tantalos wollte in seinem Übermut die Allwissenheit der Olympier auf die Probe stellen.[20]

---

20 Schwab, Gustav: Die schönsten Sagen des klassischen Altertums. Deutsche Nationalbibliothek (elektronische Reproduktion) 2023.
Ranke-Graves, Robert: Griechische Mythologie : Quelle und Deutung, Reinbek bei Hamburg, 2003.

Alle bemerkten den Betrug, nur Demeter nicht. Die erhabene Göttin, Schwester des Zeus und des Hades, war abgelenkt, weil sie um ihre Tochter Persephone trauerte. Persephone war verschwunden, und Demeter wusste noch nicht, dass Hades sie mit Zustimmung des raffiniert taktierenden Zeus in die Unterwelt entführt hatte. Er wollte Persephone zur Frau nehmen. In ihrer Geistesabwesenheit aß Demeter ein Stück von Pelops' Schulter. Als sie ihren Irrtum bemerkte, ersetzte Demeter das Schulterstück durch Elfenbein, weshalb alle Nachfahren des Wiederbelebten einen hellen Fleck auf der Schulter tragen. Das erinnert von fern an das Kainsmal im Alten Testament. Nach anderer Lesart warf der Götterbote und Seelenführer Hermes alle Teile des Pelops in einen Kessel, aus dem die Schicksalsgöttin Klotho den Wiedererstandenen in strahlender Schönheit hervorzog.[21]

Die Strafe der Götter

Die Griechen haben sich ihre Götter tendenziell wie Menschen vorgestellt und die Menschen tendenziell wie Götter. Daran war vor allem Homer schuld. Longius hat das (im 1. Jh. n. Chr.) so beschrieben: „Wenn nämlich Homer von

---

Burkert, Walter: Griechische Religion der archaischen und klassischen Epoche. Stuttgart 2011.
Lutz, Walther (Hg.): Antike Mythen und ihre Rezeption. Ein Lexikon. Stuttgart 2009.
Grant, Michael / Hazel, John: Lexikon der antiken Mythen und Gestalten. Berlin 2009.
Siehe auch: Ferry, Luc / Bruneau, Cotilde: Tantalos und weitere Mythen vom Hochmut. Comic. Bielefeld 2022.

21 Pindar: Olymische Oden, hrsg. von Wolfgang Schadewaldt, Frankfurt am Main, 1972, S. 1, 24.
Über die enge Verwandtschaft der Olympier siehe Hesiod: Theogonie, Norderstedt 2017.

Wunden der Götter erzählt, ihrem Zwist, von Rache, Tränen, Fesseln, Leidenschaften jeder Art, so hat er, scheint mir, die Menschen im Kampf um Ilion nach Vermögen zu Göttern, die Götter aber zu Menschen gemacht."[22] Bei so naher Verwandtschaft war es umso dringlicher, auf die entscheidende Grenze zu achten, die beide trennt: Götter sind unsterblich (athanatoi, dem Tode nicht verfallen), die Menschen sterblich (thnetos). Das Beiwort thnetos charakterisiert den Menschen – und nur den Menschen! – so unverwechselbar, dass es auf Tiere nicht bezogen wird.

Was ist Sünde? Sein zu wollen wie Gott? Für diese Auffassung gibt es in der Bibel Parallelen. Bester zu sein, über seine Grenzen hinauszugehen, ist das agonale Ethos der Griechen. Ist der griechische Mensch, zumal der Held, etwa auf Hybris angelegt? Homer lässt fast alle seine Helden an Hybris zugrunde gehen. Vorher lässt er sie warnen, nicht zu weit zu gehen in ihrem Heldenmut, nicht die Grenzen zu überschreiten, die ihnen gesetzt sind. Aber ach, sie schlagen alle Warnungen in den Wind. Mut oder Übermut? Freier Wille oder Tragik? Und was, wenn sie in ihrem Ehrgeiz so weit gehen, dass sie besser sein wollen als die Götter, klüger? Erst dann ähnelten sie den Tantaliden.

Zur Strafe verhängten die ewigen Götter über den Frevler und Erzsünder Tantalos die sprichwörtlichen Tantalosqualen: Er versucht, bis zum Kinn im Wasser stehend, zu trinken; aber das erfrischende Nass weicht von seinem Munde zurück. Bäume neigen sich mit ihren Früchten über ihn; aber wenn er mit der Hand danach greift, schnellen die Äste empor.[23] Um ihn herum verlockender Überfluss; aber er muss schmachten und darben. Damit nicht genug. Die Göt-

---

22 Longius: Vom Erhabenen, hrsg. von Otto Schönberger, Stuttgart 1988, S. 25.

23 Apollodor: Bibliotheke. Götter- und Heldensagen (= Sammlung Tusculum). Griechisch und Deutsch. Herausgegeben,

ter prophezeiten, in jeder Generation werde sich ein Mörder gegen seine Sippe erheben: Bis zur fünften Generation würden alle Nachkommen des Tantalos in eine unheilvolle Folge von Gewalt und Verbrechen verwickelt.

Auch den Tantalos sah ich, mit schweren Qualen belastet.
Mitten im Teiche stand er, das Kinn von der Welle bespület,
Lechzte hinab vor Durst, und konnte zum Trinken nicht kommen.
Denn so oft sich der Greis hinbückte, die Zunge zu kühlen;
Schwand das versiegende Wasser hinweg, und rings um die Füße
Zeigte sich schwarzer Sand, getrocknet vom feindlichen Dämon.
Fruchtbare Bäume neigten um seine Scheitel die Zweige,
Voll balsamischer Birnen, Granaten und grüner Oliven,
Oder voll süßer Feigen und rötlichgesprenkelter Äpfel.
Aber sobald sich der Greis aufreckte, der Früchte zu pflücken;
Wirbelte plötzlich der Sturm sie empor zu den schattigen Wolken.[24]

Pelops und das geflügelte Ross

Pelops war ein Strahlemann. Pindar erzählt, Poseidon habe den schönen Knaben in den Olymp entführt. Wie auch immer, der Meeresgott sollte im Leben des Tantaliden eine wichtige Rolle spielen. Zum Jüngling herangewachsen, kam

---

übersetzt und kommentiert von Paul Dräger, Düsseldorf / Zürich 2005, hier: Epitome, 2,1,3.

24 Homer: Odyssee. In der Übersetzung von Johann Heinrich Voß, 11. Gesang, 582–592.

Pelops nach Pisa in der Elis und freite um Hippodameia. Deren Vater, König Oinomaos, war vorausgesagt worden, er werde sterben, sobald seine Tochter einen Gatten erwähle. Daher wollte er die Schöne an niemanden hergeben. Er ließ Freier wissen, er wolle Hippodameia nur demjenigen abtreten, der ihn in einem Wagenrennen von Pisa nach Korinth besiege. Dabei vertraute er auf die windschnellen Pferde seines Vaters Ares, des Kriegsgotts. Er überließ seinen Herausforderern einen Vorsprung, holte sie ein und versetzte ihnen von hinten den Todesstoß. Schon zwölf Freier hatten ihr Leben lassen müssen.

Hatte Pelops keine reelle Chance? Offenbar doch. Wenn der Wettlauf von Pisa zum Altar des Poseidon führen sollte, der an der Meerenge von Korinth stand, hätte der Gott mit dem Dreizack den Ausgang bestimmen können. Poseidon, nach seinem Bruder Zeus der zweitmächtigste Gott, war nicht nur Herrscher des Meeres, sondern auch Gott der Pferde. Pferde waren nicht irgendwem heilig, sondern ihm. Einer seiner Beinamen lautete Hippios, was soviel wie der Herr der Pferde, der Pferdeflüsterer, bedeutet (hippos = Pferd). Poseidon konnte ein schnelleres Pferd aufbieten als Ares, der nur ein nachrangiger Gott war. Er gab seinem Schützling ein „Ross mit nie ermüdenden Flügeln“. Geflügelte Rosse waren Poseidons Spezialität. Auch der Pegasus gehörte dazu, das Pferd, das die Dichter reiten.

Pelops gewann nicht nur das Wettrennen, sondern auch die Hand Hippodomeias und die Krone. Mit starker Hand weitete er seine Macht über die Halbinsel im Süden des griechischen Festlands gegenüber von Athen aus, die nach ihm Peloponnes, Insel des Pelops, benannt wurde.

Im Westen der Halbinsel liegt Olympia, der Austragungsort der Olympischen Spiele, die Pelops erneuerte. Er gewann dort noch manches Wagenrennen, auch ohne Poseidons Hilfe.

Der Fluch des Myrtilos

Aber diese Geschichte ist zu schön, als dass sie eine tragische Fortsetzung der Tantalidengräuel garantieren könnte. Daher musste sich auch auf Pelops' weißer Weste ein Schmutzfleck finden lassen, und dafür sorgte die Moritat über Myrtilos. Er war der Wagenlenker des Oinomaos. Pelops soll ihn bestochen haben, den Rennwagen des Königs zu manipulieren. Vor dem Rennen ersetzt der Verräter die eisernen Nägel des königlichen Wagens durch Blöcke aus schwarzem Wachs. Während des Rennens lösen sich die Räder vom Wagen, und der König wird zu Tode geschleift. Sterbend verflucht er Myrtilos: Er soll durch Pelops den Tod finden. Als der Frevler sich an Hippodameia vergreifen will, erfüllt sich der Fluch, und Pelops stürzt Myrtilos ins Meer. Aber auch der Verfluchte kann fluchen. Den Tod vor Augen, verdammt er seinen Mörder: „Fluch über dich, Pelops, und dein ganzes Geschlecht!" Das Morden kann weitergehen.[25]

Darüber zu spotten, wäre allerdings zu billig. Man bedenke, dass die alten Griechen glaubten, ein Fluch entwickle, einmal ausgestoßen, selbsttätige Gewalt, die sogar Götter zu seinen Handlangern mache. Besonders belastend wirke, davon waren die Alten überzeugt, der Fluch des Vaters oder der Mutter. Wie lange der Fluch seine magische Kraft entfalten sollte, geht aus Fluchtafeln hervor: Die Fluchformel wurde in ein besonders haltbares Material geritzt, nämlich Blei, und die Fluchtafel in der Erde vergraben. Oder aber der Fluch wurde wie ein Vermächtnis als Grabinschrift festgehalten. Ein Beispiel:

---

25 Geisau, Hans von: Myrtilos. In: Ziegler, Konrad / Sontheimer, Walther: Der Kleine Pauly, Bd. 3, Stuttgart 1969, Sp. 1526.

Guter, heiliger Att(h)is, Herr,
hilf, komme zu Liberalis
erzürnt. Bei allem bitte ich dich,
Herr, bei deinem Castor (und)
Pollux, bei den Kästchen des Heilig-
tums, gib ihm bösen Sinn,
bösen Tod, solange er
das Leben gelebt hat, damit er mit dem ganzen Leib
sehen soll, dass er stirbt, außer
den Augen.[26]

Atreus und Thyestes

Auf Pelops folgten seine beiden ältesten Söhne Atreus und Thyestes. Die auf ihrem Geschlecht liegenden Flüche setzten sich bei ihnen in der furchtbarsten Weise fort. Die Feder sträubt sich, über so viel Grausamkeit und Blutrunst zu berichten. Atreus herrschte als König in Mykene, Thyestes war neben ihm König im südlichen Teil des arolischen Landes.[27] Als Ausweis seiner Vorherrschaft besaß Atreus einen Widder mit goldener Wolle. Danach gelüstete es Thyestes. Er verführte die Gemahlin seines Bruders Atreus, Aerope, zur Untreue und erhielt von ihr den goldenen Bock.[28]

---

26 Brodersen, Kai / Kropp, Amina (Hg.): Fluchtafeln: Neue Funde und neue Deutungen zum antiken Schadenzauber, Frankfurt am M. 2004, S. 53 f.

27 Thucydides: Geschichte des Peloponnesischen Kriegs. 8 Bände, übersetzt von Christian Nathanael Osiander, Stuttgart 1826–1829, hier: 1,9.

28 Hartung, Johann Adam: Euripides' Orestes. Leipzig: Verlag von Wilhelm Engelmann, 1849, S. 93 ff.

(Chor)
Aber siehe, da kommt dein Bruder zurück
Zum Tode verdammt durch den Urtheilsspruch[29]

Als Atreus das doppelte Verbrechen seines Bruders entdeckte, schlachtete er dessen beide Söhne, Tantalos und Pleisthenes, und setzte sie Thyestes zum Mahle vor. Das Blut der Kinder mischte er in den Wein, den er dem Nichtsahnenden zu trinken gab. Der Sonnengott Helios, der auf seiner vorgeschriebenen Bahn die grauenhafte Tat beobachtete, wendete vor Entsetzen den Sonnenwagen und lenkte ihn rückwärts.[30]

Aigisthos

Helios, der geglaubt hatte, der Lauf der Dinge werde sich ändern, wenn er seine vier Rosse den Sonnenwagen in die entgegengesetzte Himmelsrichtung ziehen lasse, erwies sich als weltfremder Optimist. So schnell bessern sich die Menschen nicht. Thyestes befragte ein Orakel, wie er Rache an seinem Bruder nehmen könne. Es ließ ihn wissen, er solle mit seiner eigenen Tochter Pelopeia einen Sohn zeugen; dieser werde Atreus töten. Die Blutschande schreckte den abgebrühten Frevler nicht ab. Er zeugte mit seiner Tochter den Aigisthos, der seinen Onkel Atreus mit dem Schwert seines Vaters Thyestes erschlug. Danach regierte er mit Thyestes das stolze Mykene. Sie hätten am liebsten auch Atreus' jüngeren Söhnen Agamemnon und Menelaos den Garaus gemacht. Aber diese flohen ins nahe Sparta zu König Tyndareos.

---

29 Hartung, J. A., a. a. O., S. 95.

30 Seneca: Thyestes. Deutsch von Durs Grünbein. Hrsg.: Bernd Seidensticker. Frankfurt am Main / Leipzig 2002, Vers 623–788.

Atreus muss ein groß gewachsener Mann gewesen sein, ein Hühne. Es gibt auch Quellen, die ihn, ebenso wie seinen Vater Pelops, als unbescholtenen Mann erscheinen lassen. Homer bezeichnet ihn respektvoll als den „Hirten der Völker", der ein ursprünglich für Zeus angefertigtes Zepter trug.[31] Agamemnon und Menelaos werden nach ihrem Vater „die Atriden" tituliert. Als „Schatzhaus des Atreus" wird heute das prächtigste der in Mykene erhaltenen Königsgräber bezeichnet.

In den Mythen verflechten sich oft der Erzählstrang, der sich von Tantalos herleitet (negativ), und die Erzählstränge aus positiven Quellen.

---

31 Homer: Ilias, 2, 101 ff.

Tyndareos, der gute Stiefvater

Tyndareos, König von Sparta, war Ehemann der Leda. Der Name Leda bedeutet auf Altgriechisch „die Glückliche“. Vielleicht schätzte sie sich glücklich, weil sie von Zeus in der Gestalt eines Schwans verführt wurde. Sie gebar eine Tochter (Klytaimnestra) sowie zwei Eier. Aus dem ersten schlüpften Zwillinge (die Dioskuren Kastor und Polydeukes) und aus dem zweiten Helena, die als schönste Frau der Welt eine zweifelhafte Karriere machen sollte. Tyndareos war also eigentlich nur der Stiefvater, aber der beste, den man sich wünschen konnte. Er verheiratete Klytaimnestra mit Agamemnon und Menelaos mit Helena. Als er starb, übergab er Menelaos den Thron von Sparta.

Ominöse Schönheitskonkurrenz

Die Götter haben überall eine Hand im Spiel, mindestens eine. Das zeigt auch der Irrweg Helenas, der Schönen aus dem Ei. Er begann, als sich die Göttinnen Hera, Athene und Aphrodite darum stritten, wer von ihnen die Schönste sei. Der Streit brach ausgerechnet auf der Hochzeit der unsterblichen Thetis mit dem Sterblichen Peleus aus, die alles andere als streitsüchtig waren. (Peleus zeugte mit Thetis später den Helden Achill.) Unter den erhabenen Hochzeitsgästen war auch der Göttervater Zeus. Er drückte sich davor, die Entscheidung zu treffen, und übertrug die heikle Aufgabe Paris, dem Sohn des trojanischen Königs Priamos. Als Preis winkte ein goldener Apfel. Seit jeher waren goldene Äpfel ein Symbol für Schönheit, aber auch für Zwist (Zankapfel). Vermutlich wussten das auch die Autoren des Alten Testaments.

Alle drei Rivalinnen der Schönheitskonkurrenz versuchten, den Schiedsrichter Paris zu bestechen: Hera versprach ihm Macht, Athene Weisheit und Aphrodite die schönste Sterbliche – und das war Helena. Kaum zu glauben, dass die überirdischen Nebenbuhlerinnen nicht voraussahen, wie dieser Wettstreit ausgehen musste. Aphrodite, die schaumgeborene Tochter des Uranos, Verkörperung der Schönheit und Beschützerin der sinnlichen Liebe, galt als unwiderstehlich.[32] Der Göttervater Zeus machte sie zu seiner Adoptivtochter. Im Nachhinein nimmt es sich so aus, als hätten die Götter nach einem Anlass für den Trojanischen Krieg gesucht.[33]

Paris überreichte der Liebesgöttin den goldenen Apfel, und sie begleitete ihn ins Haus des Menelaos, um Helena zu entführen. Der König von Sparta, in seiner Ehre gekränkt, wandte sich an seinen Bruder Agamemnon, den König von Mykene, und beide Heerführer riefen die griechischen Fürsten auf, sie im Kampf gegen Troja zu begleiten. Zum Leidwesen von Thetis schloss sich auch Achilleus dem Zug an.

Agamemnon und Artemis

Die griechische Flotte sammelte sich in Aulis, einer Hafenstadt 20 km nordöstlich von Theben. Das war der ideale Treffpunkt, um nach Troja überzusetzen. Aber Vorsicht: Aulis war ein Kultort der jungfräulichen Jagdgöttin Artemis. Die Ruinen ihres Tempels sind noch heute zu bewundern. Der hellenische Anführer Agamemnon soll sich gerühmt haben, er sei ein mindestens so guter Jäger wie Artemis. Das hatten wir doch schon mal: Der Atride wollte besser sein als die Göttin. Welch eine Hybris! Andere sagen, Agamemnon habe im heiligen Hain der Artemis einen Hirsch oder eine Hirschkuh erlegt. Wie auch immer, die Herrin der Tiere

32 Homer: Ilias, 3, 396 f.; 9, 389.

33 Homeyer, Helene: Die spartanische Helena und der Trojanische Krieg. Wiesbaden 1977.

war erzürnt und verhinderte, dass die Flotte in See stechen konnte. Sie wollte sich nur erweichen lassen, wenn Agamemnon ihr seine älteste Tochter Iphigenie opferte. Lange sträubte sich der Heerführer, aber schließlich gab er dem Drängen seiner ungeduldigen Kampfgefährten nach und erteilte den grausigen Befehl. Das verzieh ihm seine Gattin Klytaimnestra nie. Sie konnte nicht wissen, dass die sonst so gestrenge Artemis Iphigenie im letzten Augenblick entführt und zu ihrer Priesterin gemacht hatte.

Das Trojanische Pferd

List und Tücke sind die Lieblingseigenschaften der Griechen. Sie bewundern jeden, der andere hereinlegt, solange er sich dabei nicht erwischen lässt. Daher ist es auch konsequent, dass nicht Kraftprotze wie Achill und Ajax Troja erstürmten, sondern dass es dem listenreichen Odysseus vorbehalten blieb, ein Mittel zu finden, den Widerstand der tapferen Troer zu brechen. Er schlug vor, Kampfesmüdigkeit vorzutäuschen und als Abschiedsgeschenk für die Götter ein riesiges Pferd aus Fichtenholz am Strande zurückzulassen. Womöglich half ihnen Poseidon, der Gott des Meeres und der Pferde, ein Schiff des Meeres zu bauen, das wie ein Pferd aussah.[34] Im Inneren des harmlos aussehenden Gefährts verbargen sich die tapfersten Krieger der Griechen. Trotz aller Warnungen zogen die Troer das harmlos aussehende Ungetüm durch eine Mauerlücke in die Stadt, und heraus sprangen die kampfbereiten Griechen. Dieser Coup leitete das Ende des stolzen Troja ein.[35]

---

34 Homer: Odyssee, a. a. O., 4. Gesang, Vers 708.

35 Homer: Odyssee, a. a. O., 4. Gesang, Vers 271 ff.; 8. Gesang, Vers 493 ff.
Fühmann, Franz: Das hölzerne Pferd. Berlin 1968.

Der entblößte Busen

Von den Zinnen der Mauern Trojas hatte Helena einem Zweikampf zwischen ihrem Liebhaber Paris und ihrem Ehegemahl Menelaos zugesehen und dabei die Überlegenheit des spartanischen Heerführers bewundert. Paris war nur davongekommen, weil Aphrodite ihn aus dem Kampfesgetümmel zog. Schon damals hatte die gereifte Schöne sich vorstellen können, wieder mit Menelaos nach Sparta zurückzukehren. Als der Völkerfürst Helena dann im eroberten Troja entdeckt, stürmt er mit erhobenem Schwert auf sie zu. Die blondhaarige Zeustochter entblößt ihren Busen und entwaffnet auf diese Weise den immer noch in sie verliebten Heerführer („Lampito: Der Menelaos, ja freili, wia er d'Äpfe vo da nackerten Helena nur a bissl vo der Seitn gseng hat, da hat er, glaub i, sei Schwert weggschmissn"[36]).

Menelaos hatte ihre Untreue bis dahin stets mit der Ausrede entschuldigt, dass sie von einem Dämon angetrieben werde.[37] Aber hier zeigt sie sich selbstbewusst und raffiniert. Wie auch immer: Der König nimmt sie an die Hand und kehrt mit ihr in die Heimat zurück. Glücklicher Menelaos!

Agamemnon und Klytaimnestra

Seinem Bruder Agamemnon fehlte das Glück. Dessen Frau Klytaimnestra konnte nicht verwinden, dass der griechische Heerführer einst den Befehl gegeben hatte, ihre Tochter Iphigenie zu opfern. Als Agamemnon vor Troja kämpfte, ließ sie sich von Aigisthos verführen, einem ruchlosen Atri-

36 Aristophanes: Lysistrate. Übersetzt und hrsg. von Niklas Holzberg, Ditzingen 2007, S. 13.

37 Homer: Odyssee, a. a. O., 4, 274–289.

den, der das Rachehandwerk erlernt hatte. Im Auftrag seines Vaters Thyestes hatte er seinen Onkel Atreus getötet. Das war der geeignete Mann für Klytaimnestras Pläne! Akribisch bereiteten sich die beiden auf die Rückkehr Agamemnons vor. Aigisthos stellt einen Späher auf, der jahrelang von einer hohen Warte aus nach dem Atriden Ausschau hält. Als der Kundschafter endlich meldet, der Besieger Ilions kehre heim, legt Aigisthos auserlesene Männer in einen Hinterhalt und lässt in seinem Hause, das eigentlich Agamemnons Haus ist, ein herrliches Mahl vorbereiten. Freundlich begrüßt er den Heimkehrer, als der, mit Tränen in den Augen, heimatlichen Boden betritt. Mit erheuchelter Liebenswürdigkeit bittet er den Fürsten zu Tische. Während des Mahles erschlägt er ihn „wie einen Stier an der Krippe". Der Überraschte streckt die Hände nach seiner Gemahlin aus, aber die wendet sich ab und drückt ihm nicht einmal die Augen zu. Außerdem ermordet „die Übelste aller Frauen" auch die Seherin Kassandra, die Agamemnon neben anderem Reichtum als seinen Anteil an der Kriegsbeute mitführte.[38]

Nach anderen Quellen wird Agamemnon im Bade erdolcht, so bei Aischylos in seiner Trilogie „Die Orestie", die 458 vor unserer Zeitrechnung zum ersten Mal aufgeführt wurde. Zwar passt es durchaus zu den Gräuelgeschichten der Tantaliden, dass der Völkerfürst beim Mahle ermordet wird. Aber auch die Schilderungen über seinen Tod im Bade sind faszinierend, zumal Aischylos die Spannung dadurch steigert, dass er Kassandra das Verbrechen vorhersagen lässt. Es ist wie bei so vielen Moritaten: Sie sagen das Unheil voraus; aber man kann nichts dagegen tun. Erst wenn das Kind in den Brunnen gefallen ist, ereilt den Mörder die Strafe.

38 Homer: Odyssee, a. a. O., 4, 517 ff.; 11, 409 ff.
Vogel-Ehrensperger, Verena: Die Übelste aller Frauen? Klytaimnestra in Texten von Homer bis Aischylos und Pindar. Basel 2012.

Kassandrarufe

Kassandra, Tochter des trojanischen Königs Priamos, war so schön, dass Apollon, Gott des Lichts und der Heilkunst sowie Hausherr in Delphi, ihr nachstellte. Um sie zu betören, hatte er Kassandra die Gabe der Weissagung verliehen. Aber als sie seine Verführungsversuche abwies, verfluchte er die Standhafte, dass niemand ihren Warnungen Glauben schenke. Die Geschichte wäre anders verlaufen, wenn die Menschen auf Kassandra gehört hätten: Sie rief dazu auf, Paris zu töten, bevor er Helena entführen konnte. Vergeblich. Sie warnte davor, das Trojanische Pferd in die Stadt Troja zu ziehen. Vergeblich. Sie sagte die Ermordung des Agamemnon im Bade voraus. Ebenfalls vergeblich.[39]

---

39 Ledergerber, Karl: Kassandra. Das Bild der Prophetin in der antiken und insbesondere in der älteren abendländischen Dichtung. Freiburg im Uechtland 1950.

Orestes, der skrupelgeplagte Rächer

Aigisthos wollte, machthungrig und perfide wie er war, auch Agamemnons jüngsten Sohn Orest töten, damit niemand übrig bleibe, der ihn später werde zur Rechenschaft ziehen können. Aber Orests Amme rettete ihren Schützling, indem sie Aigisthos ihren eigenen Sohn übergab, und der Frevler tötete den Falschen. Orests Schwester Elektra schickte ihren kleinen Bruder zu Strophios, dem König von Phokis, dessen Gattin Anaxibia eine Schwester des Agamemnon war. Beider Sohn Pylades schloss eine Herzensfreundschaft mit Orest. Pylades heiratete später Elektra. Das gebirgige Phokis schien weitab vom Schuss zu liegen: in Mittelgriechenland. Es hatte vor allem religiöse Bedeutung. So lag das Orakel von Delphi im Lande des Strophios.

Als Orestes zum Jüngling herangewachsen war, mahnte ihn Elektra, den Tod Agamemnons zu ahnden. Er befragte das Orakel zu Delphi, das ihm zur Vergeltung riet. Sogleich machte er sich mit Pylades nach Mykene auf und tötete seine Mutter Klytaimnestra und ihren Liebhaber Aigisthos gleichsam im Auftrag Apollos. Trotzdem quälten ihn Gewissensbisse. Die Erynnien (Rachegöttinnen) seiner Mutter verfolgten ihn und schlugen ihn mit Wahnsinn.

Die Griechen hatten auf seine moralische Frage eine politische Antwort. Sie verhandelten die Bluttat auf dem Areopag, einem 115 Meter hohen Felsen im Herzen Athens, nordwestlich der Akropolis. Dort tagte seit jeher der „Areopag“, der hohe Rat der Stadt, der die schweren Verbrechen beurteilte. In unseren Tagen ist der Name „Areopag“ die Bezeichnung für den höchsten Gerichtshof Griechenlands. Ankläger waren damals die Erynnien und der Geist der Klytaimnestra, Verteidiger Apollon, und den Vorsitz führte die Stadtgöttin

Athene. In Streit standen der Schutz der Mutter nach dem ungeschriebenen Mutterrecht, das verlangte, den Mord an der Mutter nur mit dem Blut des Mörders zu sühnen, und die Forderung nach Gattentreue sowie der Schutz des Vaters vor der Blutrache. Bislang war immer nach dem alten Recht entschieden worden, das die Erynnien (lateinisch: Furien), Töchter und Schergen der Großen Nacht (Nyx), unerbittlich verteidigten. Diesmal ging die Verhandlung unentschieden aus, weshalb die Stimme Athenes, der männerfreundlichen Vorsitzenden, entschied. Mit allen Konsequenzen: Das Patriarchat löste das Matriarchat ab. Mit Hilfe einer Frau. Die alten Tragödiendichter feierten die Abschaffung der Blutrache als Befreiung von der Notwendigkeit, Mord mit Mord zu vergelten, was die Kette der Bluttaten nicht hätte abreißen lassen.

Der Raub der Statue

Orestes fand keine Ruhe. Die Erynnien ließen nicht von ihm ab. Ein Orakel weissagte ihm, er könne sich des Fluchs nur dann vollständig entledigen, wenn er ins Land der Tauren reise und aus dem Tempel der Artemis Orthia eine Statue raube und nach Griechenland bringe. Dahinter steckte offenbar wieder einmal Apoll. Orest machte sich mit Pylades auf nach Tauris. Dort wirkte seine Schwester Iphigenie, die von Artemis vor dem Opfertod gerettet worden war, als Priesterin. Zu ihren Aufgaben gehörte es, Fremde der Göttin zu opfern. Offenbar war es eine Ausnahme gewesen, dass Artemis Iphigenie verschont hatte. Auch Orest und Pylades sollten geopfert werden. Als Iphigenie in ihnen Griechen erkannte, unterbreitete sie ihnen das Angebot, dass sie nur einen der beiden opfern werde, wenn der andere ihrem Bruder Orest einen Brief nach Griechenland bringe. Da erkannten sich die Geschwister. Sie brachten die Statue mit List und

Tücke per Schiff nach Griechenland und stellten sie im Artemistempel zu Brauron in Attika auf.

Aischylos zufolge wurde den Erynnien der Name Eumeniden (= die Wohlmeinenden) verliehen, nachdem Orest die Statue nach Attika gebracht hatte. Welch ein Euphemismus!

Orest und Hermione

Nach dieser patriotischen Tat kehrte Orestes in seine Vaterstadt Mykene zurück und mehrte deren Reichtum und Ansehen. Er heiratete Hermione, die Tochter seines Onkels Menelaos und der schönen Helena. Offenbar fürchteten die griechischen Heroen sich ebenso wenig wie ihre Götter vor Inzucht. Hermione blickte auf ein bewegtes Leben zurück. Sie war zuerst mit Neoptomos, dem Sohn des vor Troja gefallenen Helden Achilleus, verheiratet.

Später zog Orest nach Arkadien, eine Landschaft in der Mitte der Peloponnes, die im Hellenismus wegen ihrer Abgelegenheit und idyllischen Natur zum Schauplatz des Goldenen Zeitalters verklärt wurde. Dort soll er im Alter von 90 Jahren gestorben sein – sage und schreibe an einem Schlangenbiss!

Orestes und seine Schwestern Iphigenie und Elektra haben dafür gesorgt, dass Bildhauer, Dichter, Denker und Komponisten über Jahrhunderte hinweg die Wertvorstellungen der Griechen, deren Konflikte und ihre Lösungsvorstellungen im Gedächtnis der Menschheit festhielten. Und dass wir uns damit beschäftigen, was wir daraus lernen können. Um nur die wichtigsten Tragödien und Opern zu nennen: Voltaire: „Oreste“, Tragödie, 1750 uraufgeführt. Georg Friedrich Händel: „Oreste“, Oper, 1734. Ernst Krenek: „Leben des Orest“, Oper, 1930 uraufgeführt. Christoph Willibald Gluck: „Iphigénie en Tauride“, Oper, 1779. Johann Wolfgang Goethe: „Iphigenie auf Tauris“, Drama,

1787. Richard Strauss: „Elektra“, Oper, 1909. Eugene O’Neill: „Trauer muss Elektra tragen“, Dramen-Trilogie nach Aischylos, 1931 in New York uraufgeführt. Mancher wird jetzt die Stirne krausziehen, weil er daran denkt, wie viele Besinnungsaufsätze er darüber hat schreiben müssen.

Heinrich Schliemann und die Goldmaske

Haben die alten Griechen wirklich gelebt? Welche Frage! Heinrich Schliemann (1780–1830), Selfmademan aus Neubukow in Mecklenburg-Vorpommern, glaubte keinen Augenblick daran, dass die Helden der Antike lediglich der Phantasie von Dichtern entsprungen seien. Daher grub er an den Stätten der Ilias – und wurde überall fündig. In Ilion entdeckte er einen Schatz, den er dem trojanischen König Priamos zuschrieb. In Mykene stieß er auf fünf prunkvolle Schachtgräber mit goldenen Totenmasken und wertvollen Grabbeilagen. Und in Tiryns entdeckte er einen Königspalast mit Arkadenhof, Altar und freskengeschmückten Gemächern, der sich auf kyklopischen Mauern erhob.

Die größte und kunstvollste Larve, die er in Mykene fand, eine Maske aus Goldblech mit geschlossenen Augen und Schnurrbart, hielt Schliemann für die Totenmaske des Agamemnon. Auf den Einwand, sie sei zu dünn, um einen so mächtigen Fürsten wie Agamemnon damit auszustatten, antwortete Schliemann, es handle sich um ein Schmuckstück, das eigens für die Bestattung angefertigt worden sei. Damit mag er recht gehabt haben. Aber die Maske ist nach heutigen Erkenntnissen zu alt, als dass sie erst für Agamemnon hergestellt sein könnte. Sie wird also einem Ahnherrn des Völkerfürsten gehört haben. Schliemann hat seine Funde immer wieder falsch datiert. Was nichts daran ändert, dass sie noch den heutigen Betrachter vom Stuhl reißen. Wie sehr Schliemann mit seinen Entdeckungen lebte, ist daraus zu ersehen, dass er seinen Sohn Agamemnon nannte.

„Sucht Schutz hinter hölzernen Mauern“: Die Seeschlacht von Salamis

Etwa 1000 Jahre nach der Hochblüte Mykenes erlebten die griechischen Stadtstaaten einen neuen Aufschwung. Die größte Gefahr drohte ihnen durch den scheinbar allmächtigen persischen Großkönig Xerxes (um 519–4. August 465 vor unserer Zeitrechnung). Der Sohn des Dareios und der Atossa wollte erzwingen, was seinem Vater versagt geblieben war: die Unterwerfung der Völker im Westen seines Reichs. Mit unübersehbarem Aufwand bereitete der Großkönig den Feldzug gegen die griechischen Stadtstaaten vor. Diese Offenheit hatte zum Ziel, die Völker, die an seinem Weg wohnten, zu bewegen, sich aus Angst vor der erschröcklichen Übermacht freiwillig zu ergeben.

Das Vielvölkerheer des großen Xerxes versammelte sich in Kappadokien (Türkei) und zog von dort aus über Troja zum Hellespont, den es mit Schiffbrücken überquerte.[40] Nach anfänglichen Erfolgen (in der Schlacht an den Thermopylen besiegte er die sich bis zum letzten Atemzug wehrenden Spartaner unter Leonidas) unterlag er den Athenern in der Seeschlacht von Salamis. Vor der größten Seeschlacht der Antike hatte Themistokles, der Anführer der Athener, das Orakel von Delphi um Rat gefragt, wie sich die Griechen gegen den zahlenmäßig weitet überlegenen Gegner wehren könnten. Die Antwort: „Sucht Schutz hinter hölzernen Mauern!“, interpretierte Themistokles, der eigentlich eine Landratte war, zur Überraschung von Freund und Feind so, dass nur die Trieren den Athenern zum Sieg verhelfen könnten. (Das entvölkerte Athen überließ er den Persern zur Plünderung.) Der Vorteil der von Themistokles und Eurybiades be-

40 Herodot: Historien, 7–9.

fehligten (kleineren!) griechischen Schiffe bestand in ihrer größeren Wendigkeit und Schnelligkeit.[41] Eine erbauliche Moritat fasst das Geschehen zusammen:

Der Feldzug des Xerxes

Der König Xerxes führt einher
Sein blut- und beutegierig Heer.
O weh dir, armes Griechenland!
Dir droht Verwüstung, Mord und Brand:
Zerstört liegt Haus und Heiligtum,
Und Vieh und Menschen bringt man um.

Schnell in der Thermopylen Pass
Wirft sich der Held Leonidas;
Gedeckt von einer festen Mauer,
Liegt er voll Spannung auf der Lauer.

Darob entspinnt sich in der Enge
Ein schauderbares Kampfgedränge;
Es hageln der Spartaner Streiche,
Und blutend häuft sich Leich' auf Leiche.
Doch bald erreicht des Todes Hippe
Auch Lakedämons tapfre Sippe.

Und seinen Tod ein jeder fand
Am selben Platze, wo er stand.
Ach, jetzt sinkt auch Leonidas
Vom Streitross in das kühle Gras;

---

41 Plutarch: Themistokles, 12,1–15,2, in: Fuhr, Karl (Hg.): Ausgewählte Biographien des Plutarch, 3. Bd., Berlin 1880; Behmel, Albrecht: Themistokles, Sieger von Salamis und Herr von Magnesia. Stuttgart 2001.

Der Hand entfällt der blut'ge Säbel,
Ums Auge legt sich Todesnebel.

Und über seine Leiche zieht
Der Perser Heer in Reih und Glied,
So schnell es reiten kann und gehen,
Geraden Weges nach Athen.

Allein die Stadt ist ganz verlassen,
Es zeigt sich niemand in den Gassen;
Drum wird sie auch, wie sich's gehört,
Erst ausgeräumt und dann zerstört.

Doch die Athener waren schon
Voll Tapferkeit aufs Schiff gefloh'n
Und stellten grade vis-à-vis
Die Flotte auf bei Salamis.

Und hier hat es sich so gefügt,
Das Xerxes nochmals Hiebe kriegt.
Die Perser haben ihren Lohn –
Themistokles fährt stolz davon.

Der König Xerxes selber sucht
Sein Heil in heldenmüt'ger Flucht;
Die Reichspost hat ihn heimgebracht
In kohlpechrabenschwarzer Nacht.

Moral:

So endete der große Feldzug Xerxis,
Wer Ähnliches im Schilde führt, der merkt si's![42]

---

42 Kaiser, B. (Hg.), a. a. O, S. 123–125.

Dieses Bänkelsängerlied beachtet Regeln der Moritat. Es beginnt mit dem Appell: „O weh dir, armes Griechenland! Dir droht Verwüstung, Mord und Brand.“ Unmittelbar darauf folgt der Spannungsbogen, der seine Beispiele über Mord und Totschlag, Flucht und Sieg und Heldentum der uns sattsam bekannten griechischen und persischen Geschichte entnimmt. Am Ende steht die Moral von der Geschicht'. Dabei darf trotz aller Dramatik, allem Grauen und allem Pathos ein wenig gelacht werden: „Die Reichspost hat ihn heimgebracht in kohlpechrabenschwarzer Nacht.“

Sieh das Messer, dich zu morden …

Kaum zu zählen sind die Moritaten, die das Schicksal von arglosen oder einfältigen Frauen beweinen: Sie erliegen dem Werben eines gewissenlosen Freiers. Er stiehlt nicht nur ihr Herz, sondern auch ihre Habe und bringt sie bei ihrer Dienstherrschaft in Verruf. Lukas Richters Sammlung enthält einige davon. Hier ein paar Beispiele:

Gedanken über das am 20. Juni 1766 unweit München an der Landberger Straße ermordete, nur 14 Jahre alte Bauernmädchen

Dieses blutige Mordrevier

Siehe, Wandrer, siehe hier,
Dieses blutige Revier!
Siehe, lese und betrachte,
Was hier eine Mordfaust machte;
Wie ein Wolf hier über's Lamm
An der freien Straße kam.

Armes Mägdlein, geh zurück!
Du gehst in dein Ungelück.
Sieh, das Messer, dich zu morden,
Ist bereits geschliffen worden!
Sieh, der Mörder brennt vor Lust.
Zu durchstoßen deine Brust.

Fröhlich gingest du zwar aus;
Doch in deines Vaters Haus
Wird man auf dem Leichenschragen
Dich erblasst zurücke tragen:
Du bist wahrlich nicht mehr weit
Von dem Haus der Ewigkeit!

Das Gewissen spricht dich rein.
Niemand wird so grausam sein,
Sagst du bei dir in Gedanken,
Dass er aller Menschheit Schranken
Überschreitet und in mir
Kühlet seine Mordbegier.

Ich hab niemand Leids getan,
Gehe ruhig meine Bahn;
Und wer kann es mir verwehren,
Dass ich darf nach Hause kehren?
Auf mein' Unschuld bau ich fest;
Sie ist stets mein Schild gewest.

O, du kennst die Menschen nicht,
Zwischen Herz und Angesicht
Ist ein' hohe Maur' gegründet,
Dass man keine Durchsicht findet:
Falsch ist oft dein bester Freund,
Wenn er noch so redlich scheint.

Weiche, fliehe, armes Kind!
Fliehe, weiche nur geschwind!
Sieh die Parzen, sieh und höre,
Greifen nach der Todesschere:
Ach, der Schnitt ist schon vorbei,
Und der Faden ist entzwei.

Ja, die Mordtat ist vollbracht.
Junges Mägdlein, gute Nacht!
Zu dem Austritt deiner Seele
Öffnet sich die Wundenhöhle,
Derweil der Mörder, ganz ergrimmt,
Flüchtig von dir Abschied nimmt.

Wilder Bluthund, schau zurück,
Siehe hier dein Meisterstück!
Junges Menschenfleisch zu stechen
Ist kein menschliches Verbrechen;
Wem g'fällt's denn, so allein,
Metzgerisch wohlauf zu sein?

Ach, die Arme lechzt und keicht,
Ist verstaltet und erbleicht,
Tut erbärmlich, ringt die Hände:
Welch ein schreckensvolles Ende!
Menschenmetzger, schau zurück,
Siehe hier dein Meisterstück!

Kennst du nicht die Nachbarschaft
Und des Galgens Ziehungskraft?
Da, da wird in wenig Tagen
Kopf und Hand dir abgeschlagen:
Grob gesündigt, grob gelohnt,
Unbarmherzig, nicht verschont.

In das blanke Henkersschwert
Wird des Messers Stahl verkehrt.
Strafen folgen dem Verbrechen
Und der Hieb auf das Verbrechen.
Du bist jener Würgemann:
Seel' für Seele, Zahn für Zahn!

Aber du, Entleibte, du,
Liege sanft in deiner Ruh'.
Liege sanft, genieß der Freuden
Auf des Lammes reinen Weiden!
Auf dein' frühe Totenbahr
Folgt ein ewig's Lebensjahr.[43]

Moritaten folgen einem anderen Konstruktionsprinzip als Kriminalromane. Während Krimis in der Regel bis zum Schluss offenlassen, wer der Mörder ist, steht in den meisten Bänkelliedern von Anfang an fest, wer der Mörder ist. Aber auch Bänkellieder haben eine Pointe: Der Mörder wird seiner gerechten Strafe überführt – freilich erst nach dem Tod seines Opfers. Immerhin wird die betrogene Betrügerin rehabilitiert.

Sabinchens Tod

Gar erschröcklich sind die Liebeslieder, in denen das Blut zum Himmel spritzt. Das bekannteste ist die Moritat über Sabinchen und ihren „Schumache-er", eine sozialkritische Parodie auf eine der Mord-Moritaten, wie sie früher Bänkelsänger auf Jahrmärkten und Kirchweihfesten rezitierten:

Sabinchen

Sabinchen war ein Frauenzimmer,
Gar hold und tugendhaft.
Sie diente treu und redlich immer
Bei ihrer Dienstherrschaft.
Da kam aus Treuenbritzen
Ein junger Mann daher.

43 Richter, L. (Hg.), a. a. O., S. 8–12.

Der wollte das Sabinchen besitzen
Und war ein Schuhmacheer.

Sein Geld hat er gar bald versoffen
In Schnaps und auch in Bier.
Da kam er zu Sabinchen geloffen
Und wollte was von ihr.
Sie konnt' ihm keines geben,
Da stahl er auf der Stell
Von ihrer guten Dienstherrschaft
Sechs silberne Blechlöffel.

Jedoch nach achtzehn langen Wochen,
Da kam der Diebstahl raus.
Da jagte man mit Schimpf und Schande
Sabinchen aus dem Haus.
Sie rief: „Verfluchter Schuster,
Du rabenschwarzer Hund!"
Da nahm er sein Rasiermesser
Und schnitt ihr auf den Schlund.

Das Blut zum Himmel spritzte,
Sabinchen fiel gleich um.
Der böse Schuster aus Treu'nbritzen,
der stund um sie herum.
In dunklem Kellerloche
Bei Wasser und bei Brot,
Da hat er endlich eingestanden
Die graus'ge Moritot.

Und die Moral von der Geschichte:
Trau keinem Schuster nicht.
Der Krug, der geht so lange zu Wasser,
bis dass der Henkel bricht.
Bis dass das Herze bricht.

Die Ballade erschien 1849 in der Sammlung „Musenklänge aus Deutschlands Leierkasten“. Sabinchen, ein ältliches Frauenzimmer, durch Arbeit verhärmt, wird in ihrer männersuchenden Zutraulichkeit erbarmungslos ausgenutzt und danach aufs Grausamste ermordet. Immerhin wird die betrogene Betrügerin rehabilitiert – aber erst nach ihrem Tod. Paul Hindemith war sich nicht zu schade, 1930 die Musik zum Rundfunk-Hörspiel „Sabinchen“ zu schreiben.[44]

Wahrhafte Beschreibung einer schauderhaften Mordtat

O hört die traurige Geschichte,
Die ich euch jetzt erzählen will,
Damit sie warnend euch verpflichte
Zur Tugend und zum Ehrgefühl.
Es lebt ein Mann mit Frau und Kindern
In Stadt Lothringen recht vergnügt,
Es hat ihn mit fünf Lebenspfändern
Die Gattin in der Eh beglückt.

Der Wohlstand blüht in Hof und Scheuern,
Und Ehefrieden war im Haus,
Bis eine Magd verführt den Teuern
Durch Buhlerei – nun floh er draus.
Die Frau hing an dem Mann mit Liebe,
Ihm war sie jetzt zum Überdruss,
Geplagt von tierisch lüsterm Triebe,
Gewährt die Magd ihm nur Genuss.

---

44 Book, Barbara: „Sabinchen war ein Frauenzimmer …“ Ein Lied mit Geschichte. In: Musik und Leben. Osnabrück 2003, S. 22–27; siehe auch: Schulten, G. (Hg.), a. a. O., S. 109.

Von beiden ward nun ausgesonnen,
Zu wandern nach Amerika;
Die Frau – fein war es ausgesponnen –
Sollt auch zum Plane sagen ja.
Dann wollten sie in einem Hafen
Auf einem Schiffe heimlich fort
Und Frau und Kinder, wenn sie schlafen,
Zurücke lassen an dem Ort.

Der Mann zwang's nun mit Schmeichelworten:
„O folge mir ins ferne Land,
Das Glück blüht mehr an jenen Orten
Als hier, wo aller Wohlstand schwand."
Die Frau, die suchte, doch vergebens,
Ihm auszureden, was er sprach.
Sie folgt, Gefährtin seines Lebens,
Auch bis ans End der Welt ihm nach.

Den Abschied nehmen sie mit Weinen
Und ziehen nun nach Havre hin;
Gott! Hier verließ der Mann die Seinen
Mit seiner Magd, der Buhlerin.
Er schiffte sich mit Geld und Habe
Nach einem fernen Weltteil ein
Und brachte so zu frühem Grabe
Die Gattin und die Kindelein.

Denn als der Mann nach langem Sehnen
Nicht kehrte heim zu Frau und Kind,
Lief sie ans Ufer hin mit Tränen,
Zu sehn, ob sie ihn wiederfind't:
Da hörte sie nach langem Fragen,
Ob niemand einen Mann gesehn
Mit einer Dirn, Matrosen sagen,
Die Abfahrt beider sei geschehn.

O Gott! In ihrem Innern wühlen
Betrogner Liebe Qual und Schmerz,
Und heiße Tränen ihr entfielen –
Sie sieht das Meer – ihr bricht das Herz.
Sie eilt in Gasthof zu den Kleinen
Und herzt und küsst sie tausendmal,
Führt nun ans Ufer sie mit Weinen
Und sieht in Abgrund noch einmal.

Dann rief sie noch mit starrem Blicke:
„Nimm deine Kinder – meine Hab –
Du treulos bist, nimm sie zurücke!"
Und stürzte sich und sie hinab.
Zwar wurden sie bald aufgefunden
Im tiefen, schauderkalten Meer,
Allein, das Leben war entschwunden
Und keine Rettung möglich mehr.

Oh, der betrognen Mutter weihet –
Wir Menschen sind ja alle schwach –
Ein still Gebet und, ach, verzeihet
Und rufet ihr Vergebung nach!
Schwer kann der Mensch, der schwache, fehlen,
Wenn Gottes Gnade ihn verlässt.
Lasst uns daher das Gute wählen
Und halten an der Tugend fest![45]

Die Schauerballade beginnt mit der Aufforderung an die geneigten Zuhörer, sich eine traurige Geschichte anzuhören (Appellation) und daraus für ihr Leben den Schluss zu ziehen, Tugend und Ehrgefühl zu wahren (allgemeine Belehrung). Es folgt ein Beispiel (Illustration), das zwar aus dem Leben gegriffen ist (Lebensnähe, Wahrheitsbezug)

45 Um 1800. In: Kaiser, B. (Hg.), a. a. O., S. 13–16.

und doch nicht alltäglich ist (Rarität). Der Spannungsbogen führt von der mehrmaligen Ankündigung des Unheils bis zum Suizid der betrogenen Mutter, die ihre unschuldigen Kinder mit in den Tod reißt. Am Ende wie am Anfang ein Aufruf zur Vergebung und zur Tugend. Was fehlt, ist die Bestrafung des treulosen Vaters – und eine stringente Grammatik.

Der treulose Heinrich

Wie ähnlich die tränenreichen Romanzen sind – und doch: wie anders! Man höre das Klagelied über den treulosen Heinrich von 1779:

Heinrich lag bei seiner Neuvermählten,
Einer reichen Erbin von dem Rhein.
Schlangenbisse, die den Falschen quälten,
Ließen ihn nicht süßen Schlafs sich freu'n.

Zwölfe schlug's. Es drang durch die Gardine
Plötzlich eine kleine weiße Hand.
Was erblickt' er, seine Wilhelmine,
Die im Sterbekleide vor ihm stand.

„Bebe nicht!", sprach sie mit leiser Stimme,
„Ehmals mein Geliebter, bebe nicht!
Ich erscheine nicht vor dir im Grimme,
Deiner neuen Liebe fluch ich nicht.

Warum glaubt' ich Schwache deinen Schwüren,
Baute fest auf Zärtlichkeit und Treu!
Mir nicht träumend, dass ein Herz zu rühren –
Mehr als rühren! – euch nur Spielwerk sei.

Zwar der Kummer hat mein junges Leben,
Trauter Heinrich, mitleidsvoll verkürzt.
Aber Tugend hat mir Kraft gegeben,
Dass ich nicht zu Hölle mich gestürzt.

Nur weil sterbend noch in meinem Herzen
Ird'sche Liebe – deine Liebe! – war,
Soll hienieden ich, doch ohne Schmerzen,
Freudlos irren dreimal sieben Jahr'."

Gnade fand sie. Doch ihr Ungetreuer
War verloren ohne Wiederkehr
Als ein Scheusal, als ein Ungeheuer
Wallt sein Fuß zur Mitternacht umher.

Edle, weichgeschaffne schöne Kinder,
Wenn sie noch in holder Unschuld blüh'n,
Sehen feurig den verruchten Sünder
Rufen: „Heil'ge Mutter, hilf!" und flieh'n.[46]

Ein schrecklicher Barbur

„Herr Hadubrand" ist ein altes Volkslied; die Entstehungszeit ist unbekannt. Victor Léon verfasste den Text als „Knittelballade" für das Libretto von Alfred Zamaras Operette „Der Doppelgänger" (Uraufführung 1886). Die spätere, heute gesungene Fassung stimmt damit nicht überein. Sie ist vor allem in Fahrtenliederbüchern wie der „Mundorgel" zu finden.[47]

---

46 Stemmle, R. A. (Hg.), a. a. O., S. 53–55. Auf den Seiten 55 f. informiert Stemmle über die wechselvolle Geschichte des Lieds.

47 (Anonym): Die Mundorgel. Neubearbeitung. Waldbröl 2001, S. 222

Herr Hadubrand lebt ohne Sorg',
Er lebt auf seiner Ritterborg.
Er war ein schrecklicher Barbur
Und konnte saufen wie einer nur.

Ein Barbur, ein Barbur,
Die Geschichte ist ganz wuhr,
Ein Barbur, ein Barbar,
Die Geschichte ist ganz wahr, ist doch klar.
(So ein Scheiß!)

Er liebte einst ein Mägdelein
Und ging mit ihr Verlöbnis ein.
Der Ritter war ein finst'rer Mann,
Den niemand richtig leiden kann.

Mägdelein sei nicht dump:
Lass ihn laufen, diesen Lump!
Mägdelein, sei doch schlau,
Lass ihn laufen, diese Sau!
(Des reimt sich wenigstens.)

Der Ritter hat in einer Nacht
Ihr ganz Vermögen durchgebracht (es war ned fui).
Trotzdem verließ er sie sofort,
Obwohl er Treue ihr geschwort.

Er ging fort, er ging fort,
Obwohl er Treue ihr geschwort.
Er ging fort, er ging fört,
Obwohl er Treue ihr geschwört.
(Es haut einfach ned hi!)

Das Mägdelein, das weinte sehr,
So sehr weint heut kein Mägdlein mehr.

Sie stieg herab vom hohen Schloss,
Da floss vorbei ein tiefer Floss.

Und in den Floss, in den Floss
Sich das arme Mädchen schmoss.
In den Floss, in den Fluss
Sich das arme Mädchen schmuss.
(Schönen Gruß!)

Es ging ihr so zu Herzen,
Sie tat sich in die Fluten sterzen.
Der Ritter schlief in seiner Kammer,
Er schlief da grad' den süßen Schlammer.

Doch als die Glocke schlug zwölf Uhr,
Da trat ein Schreckgespenst hervur.
Ein Gespenst, rießengroß,
Es war das Fräulein aus dem Schloss,
Ein Gespenst rießengruß.
Es war das Fräulein aus dem Fluss,
(War no batsch noß.)

Der Ritter zittert, und es grinst
Ihn an, das schreckliche Gespinst.
Schnell zieht er über Kopf und Wanst
Die Bettdeck' vor dem Schreckgespanst.
Das Gespanst, das Gespunst
Tritt ans Bett heran und grunzt,
Das Gespunst, das Gespinst
Tritt ans Bett heran und grinst.
(Hihihihihi)

Das Mägdlein kam nun jede Nacht,
(Es war a zachs Luader)
Hat an dem Ritter sich geracht.

Jedoch es half ihm keine Kunst,
Stets kam und heulte das Gespunst:
Hadubrand, Hadubrand,
Pfuideife! und verschwand,
Hadubrand, Hadubrund,
Pfuideife! Und verschwund,
Ohne Grund.
(I bin so froh, wenn des Lied vorbei is!)

Solch Geisterspuk, oh welch ein Graus!
Hält selbst ein Rittersmann nicht aus.
Und eines Tags in aller Fruh
Fand man ihn tot am Kanapuu.

Und so war, kaum vollbracht,
Furchtbarlich die Tat geracht.
Und so war, kaum vollbrächt,
Furchtbarlich die Tat gerächt.
(Is a schlecht!)[48]

Die Knittelballade über Hadubrand ist ein Beispiel dafür, dass eine Schauergeschichte, die „ganz wahr, ist doch klar" ist, durch Sprachfehler, flezige Kommentare („so ein Scheiß") und Knüttelverse erträglicher für empfindliche Gemüter gemacht wird. Goethe hat den ursprünglich „reinrassigen" Knittelvers (kurze Reimpaare mit vier Hebungen) in Knüttelvers umgetauft. R. A. Stemmle spricht poetisch von „Findelkindern der Musen" und „Kellerkindern der Lyrik" (a.a.O., S. 5) und Friederike Kempner von „lyrischen

48 Fesl, Fredl: Ritter Hadubrand, in: Balluseck, Lothar von / Brokerhoff, Karl Heinz (Hrsg.): Geschichten von drüben: Erzählungen und Kurzgeschichten aus Mitteldeutschland. Bad Godesberg 1964, S. 19 f.

Sumpfblüten".[49] Aber ist es nicht zu viel der Ehre, wenn man von „Lyrik" spricht? Ich ziehe die Bezeichnung „Holper- und Stolperverse" vor.

Ulrich und Ännchen

Es ritt einst Ulrich spazieren aus,
Er ritt wohl vor lieb Ännchens Haus:
„Lieb Ännchen, willst mit in grünen Wald?
Ich will dich lehren den Vogelsang."

Sie gingen wohl miteinander fort,
Sie kamen an eine Hasel dort,
Sie kamen ein Fleckchen weiter hin,
Sie kamen auf eine Wiese grün.

Er führte sie ins grüne Gras,
Er bat; lieb Ännchen niedersaß;
Er legt den Kopf in ihren Schoß,
Mit heißen Tränen sie ihn begoss.

„Ach Ännchen, liebes Ännchen mein,
Warum weinst du denn so sehr um ein'n?
Weinst irgend um deines Vaters Gut?
Oder weinest um dein junges Blut?

Oder bin ich dir nicht schön genug?"
„Ich weine nicht um meines Vaters Gut,
Ich wein auch nicht um mein junges Blut,
Und Ulrich, bist mir auch schön genug.

---

49 Kaiser, B. (Hg.), a. a. O., S. 5.

Da oben auf jener Tannen
Eilf Jungfraun sah ich hangen."
„Ach Ännchen, liebes Ännchen mein,
Wie bald sollst du die zwöfte sein."

„Soll ich denn nun die zwölfte sein?
Ich bitt, Ihr wollt mir drei Schrei verleih'n."
Den ersten Schrei und den sie tat,
Sie rufte ihren Vater an;

Den andern Schrei und den sie tat,
Sie ruft' ihren lieben Herrgott an;
Den dritten Schrei und den sie tat,
Sie ruft ihren jüngsten Bruder an.

Ihr Bruder saß beim roten kühlen Wein,
Der Schall, der fuhr zum Fenster hinein.
„Höret, ihr Brüder, alle.
Meine Schwester schreit aus dem Walde."

„Ach Ulrich, lieber Ulrich mein,
Wo hast du die jüngste Schwester mein?"
„Dort oben auf jener Linde
Schwarzbraune Seide tut sie spinnen."

„Warum sind deine Schuh so blutrot?
Warum sind deine Augen so tot?"
„Warum sollten sie nicht blutrot sein?
Ich schoss ein Turteltäubelein."

„Turteltäubelein, das du erschosst,
Das trug meine Mutter unter ihrer Brust,
Das trug meine Mutter in ihrem Schoß
Und zog es mit ihrem Blute groß."

Lieb Ännchen kam ins tiefe Grab,
Schwager Ulrich auf das hohe Rad,
Um Ännchen sangen die Engelein,
Um Ulrich schrieen die Raben allein.[50]

50 Arnim, Achim von / Brentano, Clemens von: Des Knabens Wunderhorn, Köln 2015, S. 197 f.

Sie war arm und voller Tugend

Sie war arm und voller Tugend,
Bis sie'm reichen Herrn geglaubt.
Erst geliebt und dann verlassen,
Hat die Ehre ihr geraubt.

Da floh sie nach London City
Aus dem Orte ihrer Qual.
Dort traf sie ein'n andern Herrn,
Verlor die Ehr' ein zweites Mal.

Seht, da fährt sie schön im Auto,
Samt und Seide auf dem Leib.
All den feinen hohen Herren
Ist sie nur ein Zeitvertreib.

In der Hütte auf dem Lande,
Wo die armen Eltern leb'n,
Trinken Sekt, den sie gespendet,
Doch sie könn'n ihr nicht vergeb'n.

In des Reichen Arm sie zittert
Wie 'ne Amsel, die nicht singt.
Lebt in einem goldnen Käfig,
Ohne Nam'n und ohne Ring.

Einmal steht sie auf der Brücke,
Und sie starrt die Fluten an.
Dann ein Schrei. Es spritzt das Wasser;
Sie hat sich was angetan.

Und man zieht sie aus den Wellen,
Pudelnass an Kopf und Bein.

Doch sie ist noch nicht ertrunken,
Sondern fängt noch an zu schrei'n:

Überall dasselbe Elend,
Bist du arm, dann bist du schlecht.
Und die Reichen hab'ns Vergnügen.
Ist das nicht sehr ungerecht?[51]

51 Englische Jahrmarktsballade, Übertragung von Albin Stuebs, Bad Godesberg, neu veröffentlicht in: Schulten, G. (Hg.), a. a. O., S. 102.

Er zog ein blankes Messer raus, la la la

Die drei Rosen

Ein Mädchen wollte Wasser hol'n
Von einem kühlen Brunnen.
La la la! La la la!
Von einem kühlen Brunnen.
Ein reicher Herr gegangen kam
Und sprach: „Du bist die Meine!"
La la la! La la la!
Und sprach: „Du ist die Meine!"

„Ach nein, mein Herr, das kann ich nicht,
Muss erst die Eltern fragen."
La la la! La la la!
„Muss erst die Eltern fragen."
„Und wenn du sie gefraget hast,
Dann bringe mir drei Rosen!"
La la la! La la la!
„Dann bringe mir drei Rosen!"

Eine Frage der Grammatik: Muss das Mädchen seine Mutter fragen oder der reiche Herr? Anscheinend ist der Herr gemeint, und dann müsste der Text lauten: „Musst erst die Eltern fragen!" Sie spielt die brave Tochter und will ohne Einwilligung von Vater und Mutter nichts unternehmen. Zurück zu den Rosen:

„Die erste weiß, die zweite rot,
Die dritte violette."
La la la! La la la!
„Die dritte violette."

Da kam sie an ein buntes Haus,
Darinnen wohnt ein Maler.
La la la! La la la!
Darinnen wohnt ein Maler.

„Ach Maler, wenn du malen kannst,
So male mir drei Rosen."
La la la! La la la!
„So male mir drei Rosen!
Die erste weiß, die zweite rot,
Die dritte violette."
La la la! La la la!
„Die dritte violette."

Der Maler aber wurde bleich
Und schrie: „Du Ungetreue!"
La la la! La la la!
Und schrie: „Du Ungetreue!"
Er zog sein blankes Messer raus
Und stach's ihr durch das Herze.
La la la! La la la!
Und stach's ihr durch das Herze.

Und als sie nun gestorben war,
Da blühten die drei Rosen.
La la la! La la la!
Da blühten die drei Rosen.
Die erste weiß, die zweite rot,
Die dritte violette.
La la la! La la la!
Die dritte violette.

Offenbar ist der arme Maler der Freund oder Bräutigam des Mädchens gewesen, den die Ungetreue verlassen wollte, als der reiche Herr um sie warb. R. A. Stemmle kommentiert, dass es sich bei dem Lied um die Reste einer alten Ballade handelt, die schon 1530 gesungen wurde. Der Text ist aus Fragmenten neu zusammengestoppelt und zu einer Moritat umgeformt worden. Der Inhalt wird gleichzeitig dramatisch zugespitzt und durch das „La la la“ verharmlost. Nehmt euch die Geschichte zu Herzen, aber nicht zu sehr![52]

52 Stemmle, R. A. (Hg.), a. a. O., S. 45–48.

Die Nacht, die ist so trübe

Die Nacht, die ist so trübe,
Scheint weder Mond noch Stern.
Der Jüngling, wo ich liebe,
Der ist so fern, so fern.

Wir saßen in die Laube,
Wir saßen Hand in Hand;
Er nannt mir seine Taube,
So hat er mir jenannt.

Die Lampe brennt so trübe,
Es fehlt sie an das Fett.
Der Jüngling, wo ich liebe,
Der liegt schon lang ins Bett.

Ach, hätten meine Augen
Den Jüngling nie jesehn,
So könnt ick froh und heiter
An ihn vorüberjehn.[53]

Die schmachtende Geliebte nimmt es mit der Grammatik nicht so genau. Womöglich hat sie keine Schule besucht, weil sie arm ist. Aber ihr Gefühl ist echt. Der Text stammt von Samuel Scheidt, die Melodie soll von Johann Wolfgang von Goethe stammen. Ha, ha: Goethe ist alles zuzutrauen!

---

53 Aus: Schulten, G. (Hg.), a. a. O., S. 102f.

Die listige Schäferin

Der strapazierte Zuhörer, der die Bänkelsänger immer wieder klagen hört, wie schändlich böse Verführer mit wehrlosen Frauen umgehen, wird aufatmen, wenn er erfährt, dass es auch Frauen gibt, die Männern eine Nase drehen. Heißt die Listige dann auch noch Gretchen, ist man fast erleichtert:

Als Gretchen einst zu Markte ging,
Begegnete das gute Ding
Dem edlen Junker, welcher eben
Zur Jagd sich in das Feld begeben.

Der Junker, der sie artig fand,
Drückt zärtlich ihr die schöne Hand
Und streichelt ihr die vollen Wangen
Und spricht von Liebe und Verlangen.

Was soll sie tun? Sie war allein.
Was nützt es ihr, um Hilfe schrein?
Sie folgt ihm dreist und unerschrocken,
Wohin sie seine Bitten locken.

Und als sie nun im hohen Gras
An ihres Junkers Seite saß,
Sprach sie zu ihm: „Sie sollen wissen:
Kein Mann in Stiefeln darf mich küssen!

Drum, edler Herr, erlauben Sie,
Dass ich von ihren Füßen zieh',
Was Sie und mich zugleich beschwert."
Und was sie bat, ward ihr gewährt.

Er reicht' ihr beide Füße hin.
Da zog die lose Schäferin
Zur Hälfte nur die Stiefeln nieder
Und lief davon und kam nicht wieder.

Der edle Herr, der rast und flucht,
Indem er aufzustehn versucht,
Schwankt von der Rechten zu der Linken
Und muss zurück zur Erde sinken.

Auch hört' er noch, indem sie lief,
Dass sie aus vollem Halse rief:
„So muss man kühne Junker prellen,
Die armen Mädchen Netze stellen."[54]

Mir würde der Schwank noch besser gefallen, wenn die letzten beiden Strophen entfielen. Aber in einem Bänkellied dürfen der moralische Zeigefinger und die Moral von der Geschicht natürlich nicht fehlen.

54 Von Daniel Schiebeler (1741–1771), der als Dichter der ersten Operettentexte in Hamburg Karriere machte. In: Stemmle, R. A. (Hg.), a. a. O., S. 87f.

Werthers Angstgewinsel

Eine entsetzliche Mordgeschichte nach dem jungen Werther, wie sich derselbe am 21. Dezember durch einen Pistolenschuss eigenmächtig ums Leben gebracht; auch den Alten fast nützlich zu lesen.

Hört zu, ihr Junggesellen
Und ihr Jungfräulein zart,
Damit ihr nicht zur Höllen
Aus lauter Liebe fahrt.

Die Liebe, traute Kinder,
Bringt hier auf dieser Welt
Den Heilgen und den Sünder
Um Leben, Gut und Geld.

Ich sing euch von dem Mörder,
Der sich selbst hat entleibt.
Er hieß: der junge Werther,
Wie Doktor Goethe schreibt.

So witzig, so verständig,
So zärtlich als wie er,
Im Lieben so beständig
War noch kein Sekretär.

Ein Pfeil vom Liebesgotte
Fuhr ihm durchs Herz geschwind:
Ein Mädchen, sie hieß Lotte,
War eines Amtmanns Kind.

Die stand als Vizemutter
Geschwistern treulich vor;

Die schmierte Brot mit Butter
Dem Fritz und Theodor,

Dem Lieschen und dem Käthchen.
So traf sie Werther an
Und liebte gleich das Mädchen,
Als wär's ihm angetan.

Wie in der Kinder Mitte
Sie da mit munterm Scherz
Die Butterrahmen schnitte –
Da raubt' sie ihm das Herz.

Fuhr aus, mit ihr zu tanzen
Wohl eine ganze Nacht,
Schnitt Menuetts der Franzen
Und walzte, dass es kracht.

Sein Freund kam angestochen,
Blies ihm ins Ohr hinein:
„Das Mädchen ist versprochen
Und wird den Albert frein."

Da wollt er fast vergehen,
Spart' weder Wunsch noch Fluch,
Wie alles schön zu sehen
In Doktor Goethes Buch.

Kühn ging er, zu verspotten
Geschick und seinen Herrn,
Fast täglich nun zu Lotten –
Und Lotte sah ihn gern.

Er bracht' den lieben Kindern
Lebkuchen, Marzipan –

Doch alles konnt's nicht hindern,
Der Albert wurd ihr Mann.

Des Werthers Angstgewinsel
Ob diesem schlimmen Streich
Malt Doktor Goethes Pinsel,
Und keiner tut's ihm gleich.

Doch wollt er noch nicht wanken
Und stets bei Lotten sein!
Dem Albert macht's Gedanken –
Ihm träumte von Geweih'n.

Herr Albert schaute bitter
Auf die Frau Albertin –
Da bat sie ihren Ritter:
„Schlag mich dir aus dem Sinn.

Geh fort, zieh in die Fremde,
Es gibt der Mädchen mehr."
Er schwur beim letzten Hemde,
Dass sie die Einz'ge wär.

Als Albert einst verreiste,
Sprach Lotte: „Bleib von mir!"
Doch Werther flog ganz dreiste
In Alberts Haus zu ihr.

Da schickte sie nach Frauen,
Und leider keine kam –
Nun hört mit Furcht und Grauen,
Welch Ende alles nahm.

Der Werther las der Lotte
Aus einem Buche lang,

Was einst ein alter Schotte
Vor tausend Jahren sang.

Es war gar herzbeweglich,
Er fiel auf seine Knie,
Und Lottens Auge kläglich
Belohnt' ihm seine Müh'.

Sie strich mit ihrer Nase
Vorbei an Werthers Mund,
Sprang auf als wie ein Hase
Und heulte wie ein Hund.

Lief in die nahe Kammer,
Verriegelte die Tür
Und rief mit großem Jammer:
„Ach, Werther, geh von mir!"

Der Arme musste weichen.
Alberten, den's verdross,
Konnt's Lotte nicht verschweigen,
Da war der Teufel los.

Kein Werther konnt' sie schützen;
Der suchte Trost und Mut
Auf einer Felsenspitzen
Und kam um seinen Hut.

Zuletzt ließ er Pistolen,
Im Fall es nötig wär,
Vom Schwager Albert holen,
Und Lotte gab sie her.

Weil's Albert so wollt' haben,
Nahm sie sie von der Wand

Und gab sie selbst dem Knaben
Mit Zittern in die Hand.

Nun konnt' er sich mit Ehre
Nicht aus dem Handel zieh'n,
Ach, Lotte, die Gewehre,
Warum gabst du sie hin?

Alberten recht zum Possen
Und Lotten zum Verdruss,
Fand man ihn früh erschossen –
Im Haupte stak der Schuss.

Es lag, und das war's Beste,
Auf seinem Tisch ein Buch,
Gelb war des Toten Weste
Und blau sein Rock von Tuch.

Als man ihn hingetragen
Zur Ruh an jenem Tag,
Begleitet ihn kein Kragen
Und auch kein Überschlag.

Man grub ihn nicht im Tempel,
Man brannte ihm kein Licht,
Mensch, nimm dir ein Exempel
An dieser Mordgeschicht.

Heinrich Gottfried von Bretschneider (1739–1810), Offizier, Bibliothekar, satirischer Schriftsteller und Globetrotter, trumpfte 1776 mit dieser Mordgeschicht auf, die immer noch durch Spelunken und Kabaretts spukt und auf Studentenfesten Furore macht.

Bretschneiders Schauerballade bemüht alle Regeln der Kunst. Sie beginnt mit der Aufforderung an die Zuhörer, die Ohren zu spitzen (Appellation).[55] Es folgt (zweitens) die Moral von der Geschicht (allgemeine Belehrung). Ein Beispiel (drittens) hält sich eng an ein Vorbild, das (viertens und fünftens) das wahre Leben schrieb (Illustration, Lebensnähe, wahrer Kern). Dann schlägt der Bänkelsänger (sechstens) einen Spannungsbogen, der die Schauergeschichte ihrem Höhepunkt zuführt: Annäherung und Entfernung, Verbannung und Duldung, Hingabe und Verweigerung. Gefühlsmäßige Steigerung wird durch Dramatisierung (siebentens) und Emotionalisierung (achtens) erreicht. Am Ende überrascht eine traurige Wende, mit der niemand gerechnet hat (neuntens: überraschende Lösung). Formal und inhaltlich wird die Spannung von Zeit zu Zeit durch drastische Komik aufgelockert (zehntens: ein bisschen Katharsis darf sein). Die Sprache ist deshalb auch nicht (wie bei Goethe) gehoben, sondern volksnah. Zum Schluss wird die Moral von der Geschicht, diesmal fallbezogen, wiederholt.

Bretschneider beruft sich in seiner Schauerballade mehrmals auf den „Doktor Goethe“, so als müsste der die Wahrheit der Geschichte bezeugen. Aber Goethes Briefroman „Die Leiden des jungen Werthers“, innerhalb von vier Wochen geschrieben und im September 1774 zur Leipziger Buchmesse erschienen, war kein Schlüsselroman. Allerdings hatte er biographische Bezüge. Der wichtigste war der zu Charlotte Buff, einer bereits verlobten jungen Frau, zu der der leicht entflammbare Dichter eine platonische Beziehung pflegte. Das Motiv für den tragischen Ausgang lieferte Goethe der Freitod seines Freundes Karl Wilhelm Jerusalem, der sich in eine verheiratete Frau verliebt hatte.

Der Briefroman aus Goethes Sturm- und Drangzeit war der erste Bestseller der neueren deutschen Literatur. Er traf, wie noch Napoleon beteuerte, den Ton der Zeit und brachte seinem Autor nicht nur viel Freud, sondern auch viel Leid.

---

55 In: Kaiser, B. (Hg.), a. a. O., S. 93–98.

Der Suizid seiner 17 Jahre alten guten Bekannten Christiane von Laßberg im Januar 1778 erschütterte Goethe, zumal die Tote in ihrer Tasche ein Exemplar des „Werther" gehabt haben soll. Goethe überarbeitete den Roman; aber das Werther-Fieber ließ nicht nach.[56] Parallel zu den Leiden des jungen Werthers schrieb Goethe in Frankfurt den „Urfaust".

56 Andree, Martin: Wenn Texte töten. Über Werther, Medienwirkung und Mediengewalt. Paderborn 2006.

Der Totentanz

Der Terminus *Ballade* bezeichnete ursprünglich eine Gattung des Tanzlieds (siehe franz. ballare = tanzen), was auch erklärt, dass manche Melodie schon im Mittelalter erfunden worden ist. Eine Sonderform ist der *Danse macabre*, der Totentanz. Noch in den fünfziger Jahren hat man geglaubt, dass man den Wand- und Deckenmalereien der Lübecker Marienkirche entnehmen könne, wie die bildliche Darstellung eines Totentanzes ausgesehen hat. Das waren zwar keine Originale, aber offenbar treffliche Restaurierungen, die der Konservierer Lothar Malskat (1913–1988) ausgeführt hatte. Welch ein Entsetzen, als der geniale Betrüger sich selbst als Fälscher anzeigte! Alles erstunken und erlogen! Inzwischen hat sich die Aufregung gelegt. Fälschung oder nicht, die Malereien sind Meisterwerke und geben einen Eindruck davon, wie ein Totentanz in Bildern ausgesehen haben könnte. Malskat hatte das immerhin gründlich studiert.[57]

57 Fest, Joachim / Janssen, Horst: Der tanzende Tod. Ursprung und Formen des Totentanzes vom Mittelalter bis in die Gegenwart, Lübeck 1986.

Trutz Tod, komm her!

Verfasser und Komponist des während des Dreißigjährigen Kriegs entstandenen Lieds über den Schnitter Tod sind unbekannt. Aber zweifellos ist die Ballade echt.

Es geht ein Schnitter, heißt der Tod

Es ist ein Schnitter, heißt der Tod
Hat G'walt vom großen Gott:
Heut wetzt er das Messer,
Es schneid't schon viel besser,
Bald wird er drein schneiden,
Wir müssen's nur leiden.
Hüt dich, schön's Blümelein!
Was heut noch grün und frisch da steht,
Wird morgen weggemäht:
Die edel Narzissen,
Die englischen Schlüsseln,
Die schön Hyazinthen,
Die türkischen Binden.
Hüt dich, schön's Blümelein!
Viel hunderttausend ungezählt,
Was unter die Sichel fällt:
Rot Rosen, weiß Lilien,
Beid' wird er austilgen,
Ihr Kaiserkronen,
Man wird euch nicht schonen.
Hüt dich schön's Blümelein!
Das himmelfarbne Ehrenpreis,
Die Tulpen gelb und weiß,
Die silbernen Glocken, die goldenen Flocken
Senkt alles zur Erden, was wird daraus werden?

Hüt dich schön's Blümelein,
Ihr hübsch Lavendel und Rosmarine,
vielfarbige Röselein,
Ihr stolze Schwertlilien,
Ihr krause Basilien,
Ihr zarten Violen,
Man wird euch bald holen.
Hüt dich, schön's Blümelein!
Trutz, Tod, komm her, ich fürcht dich nit,
Komm her und tu ein'n Schnitt!
Wenn er mich verletzet,
So werd ich versetzet,
Ich will es erwarten,
In himmlischen Garten.
Freu dich, schön's Blümelein![58]

Der Text des Liedes über Freund Hain liest sich wie ein Herbarium über alle (damals noch bekannten) Blumen.

58 Text: Verfasser unbekannt (1637) – Fliegendes Blatt aus dem Dreißigjährigen Krieg; Musik: a) Komponist unbekannt (1637) – b) Luise Reichardt (1819) – c) Felix Mendelssohn-Bartholdy – d) Robert Schumann – e) Jacob Balde – Hofprediger und Professor in Augsburg (1838). In: Erk, L. (Hg.), a. a. O., 1895, Nr. 2152, S. 849.

Auflehnung wider den Tod

Johann Tepl hat um 1400 ein außergewöhnliches Buch geschrieben: „Der Ackermann aus Böhmen“ oder auch „Der Ackermann und der Tod“. Erstmals in der mittelalterlichen Literatur revoltiert ein Mensch im Zwiegespräch mit dem Schnitter gegen den Unerbittlichen, der ihm seine geliebte Frau genommen hat. Damit protestiert er auch gegen Gott, dessen Allmacht sich bislang alle unterworfen hatten. Im Kapitel 33 tritt Gott auf. Er erkennt das Recht des Ackermanns an, sein Leid zu beklagen, erinnert aber auch an das Recht des Todes, das Leben eines jeden Menschen zu begrenzen. Nur so kann das Leben sich erneuern. Dem Ackermann die Ehre, dem Tod der Sieg!

Grimmiger tilger aller leute,
schedlicher echter aller werlte,
freissamer morder aller menschen,
ir Tot, euch sei verfluchet![59]

Das Buch wird nicht nur wegen seiner formalen Brillanz bewundert, sondern auch wegen seiner liberalen Haltung. Auflehnung war nicht an und für sich des Teufels. Wer protestiert, muss nicht gleich verdammt werden. Protest ist Menschenrecht.

59 Tepl, Johannes von: Der Ackermann von Böhmen, hg. von Johannes von Saaz, Leipzig 1924, S. 1.

Klassik

Die Lichter verlöschen zur Morgenstunde

„Das Leben ist wie eine Lampe, die auch schon anfängt auszubrennen, wenn sie angezündet wird. So alt wie jeder von euch ist, so viele Jahre habe ich schon mit euch getanzt. Jeder hat seine eigenen Touren, und der eine hält den Tanz länger aus als der andere. Aber die Lichter verlöschen zur Morgenstunde, und dann sinkt ihr alle müde in meine Arme – das nennt man sterben", lässt Hans Christian Andersen den Sensenmann sagen. So ist es. Ich tanze nun schon fast neunzig Jahre lang mit dem Gevatter Tod, und ich muss gestehen: Langsam geht mir die Puste aus. Aber Angst vor dem Gevatter Tod habe ich nicht: Trutz, Tod, komm her!

Tote in weißen Hemden

Natürlich hat sich auch Johann Wolfgang Goethe das Thema „Totentanz" nicht entgehen lassen. Aber im Gegensatz zu den oben behandelten Beispielen handelt seine Ballade nicht vom Tanz der Lebenden mit Gevatter Tod, sondern vom Tanz der Verstorbenen.

Wenn man Umfrageergebnissen trauen darf, glaubt im Westen Deutschlands nur jeder zehnte an Gespenster und Geister. In Ostdeutschland ist der Gespensterglaube so gut wie ausgerottet. Aber heißt das, dass sich alle anderen zur

Geisterstunde in der Mitternacht zwischen zwölf und ein Uhr auf einen Friedhof trauen würden? Goethe hatte da seine Zweifel. Wenn jemand Angst hat, dann nachts zwischen Gräbern. Welch Heidenspaß der Meister der Zwischentöne und Schattenspiele daran hatte, seine Zuschauer das Gruseln zu lehren, beweist seine Schauerballade „Der Totentanz“:

Der Türmer, der schaut zumitten der Nacht
Hinab auf die Gräber in Lage;
Der Mond, der hat alles ins Helle gebracht;
Der Kirchhof, er liegt wie am Tage.
Da regt sich ein Grab und ein anderes dann:
Sie kommen hervor, ein Weib da, ein Mann,
In weißen und schleppenden Hemden.

Das reckt nun, es will sich ergetzen sogleich,
Die Knöchel zur Runde, zum Kranze,
So arm und so jung und so alt und so reich;
Doch hindern die Schleppen am Tanze.
Und weil hier die Scham nun nicht weiter gebeut,
Sie schütteln sich alle, da liegen zerstreut
Die Hemdelein über den Hügeln.

Nun hebt sich der Schenkel, nun wackelt das Bein,
Gebärden da gibt es vertrackte;
Dann klippert’s und klappert’s mitunter hinein,
Als schlüg man die Hölzlein zum Takte.
Das kommt nun dem Türmer so lächerlich vor;
Da raunt ihm der Schalk, der Versucher, ins Ohr:
„Geh! hole dir einen der Laken.“
Getan wie gedacht! und er flüchtet sich schnell
Nun hinter geheiligte Türen.
Der Mond und noch immer er scheinet so hell
Zum Tanz, den sie schauderlich führen.
Doch endlich verlieret sich dieser und der,

Schleicht eins nach dem andern gekleidet einher,
Und, husch!, ist es unter dem Rasen.

Nur einer, der trippelt und stolpert zuletzt
Und tappet und grapst an den Grüften;
Doch hat kein Geselle so schwer ihn verletzt;
Er wittert das Tuch in den Lüften.
Er rüttelt die Turmtür, sie schlägt ihn zurück,
Geziert und gesegnet, dem Türmer zum Glück,
Sie blinkt von metallenen Kreuzen.

Das Hemd muss er haben, da rastet er nicht,
Da gilt auch kein langes Besinnen,
Den gotischen Zierat ergreift nun der Wicht
Und klettert von Zinne zu Zinnen.
Nun ist's um den armen, den Türmer getan!
Es ruckt sich von Schnörkel zu Schnörkel hinan,
Langbeinigen Spinnen vergleichbar.

Der Türmer erbleichet, der Türmer erbebt,
Gern gäb er ihn wieder, den Laken.
Da häkelt – jetzt hat er am längsten gelebt –
Den Zipfel ein eiserner Zacken.
Schon trübet der Mond sich verschwindenden Scheins,
Die Glocke, sie donnert ein mächtiges Eins,
Und unten zerschellt das Gerippe.[60]

In Faust II bemühte Goethe sogar Hexenküche und Walpurgisnacht, um seine Leser zu ergötzen und zu entsetzen.

---

60 Köhler, R. (Hg.), a. a. O., S. 25–27.

Der Erlkönig

Am meisten ist mir „Der Erlkönig“, den Goethe 1782 verfasst hat, ans Herz gewachsen. Das verdanke ich unserem Sohn Matthias. Als er acht, höchstens neun Jahre alt war, war der „Erlkönig“ sein Gassenhauer, und das wird jeder verstehen, der den „Erlkönig“ in der Schule gelernt hat. Die Schule hat uns die Freude an dem Gruselied nicht verleiden können. Goethes „Erlkönig“ ist die Lieblingsballade der Deutschen.

Wir wohnten in Niederhöchstadt bei Frankfurt am Westerbach, an dem es auch Erlen gab. Wenn Matthias von der Grundschule kam, trabte er die Hauptstraße entlang. Von ihrem Lärm waren wir durch drei Häuserzeilen abgeschirmt. Aber Matthias hörten wir schon von Weitem, und je näher er kam, desto eindringlicher wurde sein Vortrag. Er ist sich sicher, dass er den Text nicht deklamiert, sondern gesungen hat, offenbar in der Vertonung von Franz Schubert. Wenn ich daran denke, läuft mir noch immer ein Schauder den Rücken hinab.

Wer reitet so spät durch Nacht und Wind?
Es ist der Vater mit seinem Kind.
Er hat den Knaben wohl in dem Arm;
Er fasst ihn sicher, er hält ihn warm.

Auf diese erste Strophe folgt ein Zwiegespräch zwischen Vater und Sohn, das Matthias in Stimmlage und Lautstärke geschickt modulierte:

„Mein Sohn, was birgst du so bang dein Gesicht?“ –
„Siehst, Vater, du den Erlenkönig nicht?
Den Erlenkönig mit Kron und Schweif?“ –
„Mein Sohn, das ist ein Nebelstreif.“

In der nächsten Strophe nimmt Erlkönig das Wort, dem Matthias ein lockendes Timbre in die Stimme legte, das sich von dem anfangs noch nüchternen Zungenschlag des Vaters deutlich unterschied:

„Du liebes Kind, komm, geh mit mir!
Gar schöne Spiele spiel ich mit dir,
Manch bunte Blumen sind an dem Strand;
Meine Mutter hat ein gülden Gewand.“

Der Knabe ruft eindringlicher:

„Mein Vater, mein Vater, und hörest du nicht,
Was Erlenkönig mir leise verspricht?“

Der Vater wiegelt weiter ab, wie ein Naturbeobachter das nicht besser tun kann:

„Sei ruhig, bleibe ruhig, mein Kind,
In dürren Blättern säuselt der Wind.“

Erlkönig wirft einen noch reizvolleren Köder aus – seine Töchter:

„Willst, feiner Knabe, du mit mir geh’n?
Meine Töchter sollen dich warten schön;
Meine Töchter führen den nächtlichen Reih’n
Und wiegen und tanzen und singen dich ein.“

Der Hilferuf des umworbenen Knaben zittert flehentlich; aber der alarmierte Vater hält es für angebracht, trotz wachsender Sorge bei seiner Strategie zu bleiben:

„Mein Sohn, mein Sohn, ich seh’ es genau:
Es scheinen die alten Weiden so grau.“

Erlkönig lässt das Locken sein; er zieht seinen letzten Trumpf und droht Gewalt an:

„Ich liebe dich, mich reizt deine schöne Gestalt;
Und bist du nicht willig, so brauch ich Gewalt!"

Der Knabe ruft verzweifelt:

„Mein Vater, mein Vater, jetzt fasst er mich an.
Erlkönig hat mir ein Leids getan!"

Auch der Vater weiß sich nicht mehr zu helfen:

Dem Vater grauset's, er reitet geschwind,
Er hält in den Armen das ächzende Kind,
Erreicht den Hof mit Mühe und Not,
In seinen Armen das Kind war tot.

Bei diesen Worten ist auch Matthias zu Haus angekommen. Matthias, Matthias! Ach, Gott, ach, Gott![61]

Den Ausdruck Erlkönig hat Johann Gottfried Herder geprägt, als er 1778 die dänische Volksballade Herr Oluf übersetzte. Dabei stieß er auf das Wort Ellerkonge für Elfenkönig. Womöglich ist auch das englische Wort earl (= Graf) mit Erle verwandt. Erlen, Ellern, Elsen oder Zitterpappeln sind geheimnisvolle Bäume. Sie begleiten Bäche und Flussläufe. Auch auf feuchten Wiesen oder unwegsamem Moorgelände fühlen sie sich wohl. Daher ist auch von Ellern- oder Erlenbruch die Rede.

---

61 Köhler, R. (Hg.), a. a. O., S. 20 f.

Da lag Herr Oluf und war tot

Herr Oluf

Herr Oluf reitet spät und weit,
Zu bieten auf seine Hochzeitleut'.
Da tanzen die Elfen auf grünem Strand,
Erlkönigs Tochter reicht ihm die Hand:
„Willkommen, Herr Oluf, komm tanzen mit mir,
Zwei göldene Sporen schenke ich dir."

„Ich darf nicht tanzen, nicht tanzen ich mag,
Denn morgen is mein Hochzeittag."
„Tritt näher, Herr Oluf, komm, tanze mit mir,
Ein Hemd von Seiden schenke ich dir,
Ein Hemd von Seiden so weiß und fein,
Meine Mutter bleicht's mit Mondenschein!"

„Ich darf nicht tanzen, nicht tanzen ich mag,
Denn morgen ist mein Hochzeittag."
„Tritt näher, Herr Oluf, komm tanzen mit mir,
Einen Haufen Goldes schenke ich dir."
„Einen Haufen Goldes nähme ich wohl,
Doch tanzen ich nicht darf noch soll."

„Und willst du, Herr Oluf, nicht tanzen mit mir,
Soll Seuch' und Krankheit folgen dir!"
Sie tät ihm geben einen Schlag aufs Herz,
Sein Lebtag fühlt' er nicht solchen Schmerz.
Drauf tät sie ihn heben auf sein Pferd:
„Reit' heim zu deinem Fräulein wert!"

Und als er kam vor Hauses Tür,
Seine Mutter zitternd stand dafür:
„Sag an, mein Sohn, und sag mir gleich,
Wovon du bist so blass und bleich?“
„Und sollt ich nicht sein blass und bleich?
Ich kam in Erlenkönigs Reich.“

„Sag an, mein Sohn, so lieb und traut,
Was soll ich sagen deiner Braut?“
„Sagt ihr, ich ritt in den Wald zur Stund,
Zu proben allda mein Ross und Hund.“
Früh morgens als der Tag kaum war,
Da kam die Braut mit der Hochzeitschar.

Sie schenkten Met, sie schenkten Wein:
„Wo ist Herr Oluf, der Bräutigam mein?“
„Herr Oluf ritt in den Wald zur Stund,
Zu proben allda sein Roß und Hund.“
Die Braut hob auf den Scharlach rot,
Da lag Herr Oluf und war tot.[62]

---

62 Herder, Johann Gottfried: Herr Oluf, in: Holzapfel, Otto: Liedverzeichnis, S. 944–946.

Der Knabe im Moor

O schaurig ist's übers Moor zu gehn,
Wenn es wimmelt vom Heiderauche,
Sich wie Phantome die Dünste drehn
Und die Ranke häkelt am Strauche,
Unter jedem Tritte ein Quellchen springt,
Wenn aus der Spalte es zischt und singt! –
O schaurig ist's übers Moor zu gehn,
Wenn das Röhricht knistert im Hauche!

Fest hält die Fibel das zitternde Kind
Und rennt, als ob man es jage;
Hohl über die Fläche sauset der Wind –
Was raschelt drüben am Hage?
Das ist der gespenstische Gräberknecht,
Der dem Meister die besten Torfe verzecht;
Hu, hu, es bricht wie ein irres Rind!
Hinducket das Knäblein zage.

Vom Ufer starret Gestumpf hervor,
Unheimlich nicket die Föhre,
Der Knabe rennt, gespannt das Ohr,
Durch Riesenhalme wie Speere;
Und wie es rieselt und knittert darin!
Das ist die unselige Spinnerin,
Das ist die gebannte Spinnenlenor',
Die den Haspel dreht im Geröhre!

Voran, voran! Nur immer im Lauf,
Voran, als woll es ihn holen!
Vor seinem Fuße brodelt es auf,
Es pfeift ihm unter den Sohlen,
Wie eine gespenstige Melodei;
Das ist der Geigemann ungetreu,

Das ist der diebische Fiedler Knauf,
Der den Hochzeitheller gestohlen!

Da birst das Moor, ein Seufzer geht
Hervor aus der klaffenden Höhle;
Weh, weh, da ruft die verdammte Margret:
„Ho, ho, meine arme Seele!“
Der Knabe springt wie ein wundes Reh;
Wär nicht Schutzengel in seiner Näh,
Seine bleichenden Knöchelchen fände spät
Ein Gräber im Moorgeschwele.

Da mählich gründet der Boden sich,
Und drüben, neben der Weide,
Die Lampe flimmert so heimatlich,
Der Knabe steht an der Scheide.
Tief atmet er auf, zum Moor zurück
Noch immer wirft er den scheuen Blick:
Ja, im Geröhre war's fürchterlich,
O schaurig war's in der Heide.[63]

63 Droste-Hülshoff, Annette von, in: Köhler, R. (Hg.), a. a. O., S. 105 f.

Der Heideknabe

Der Knabe träumt, man schicke ihn fort
mit dreißig Talern zum Heideort,
Er ward drum erschlagen am Wege
Und war doch nicht langsam und träge.
Noch liegt er im Angstschweiß, da rüttelt ihn
sein Meister und heißt ihm, sich anzuziehn,
Und legt ihm das Geld auf die Decke
Und fragt ihn, warum er erschrecke.
„Ach Meister, mein Meister, sie schlagen mich tot,
Die Sonne, sie ist ja wie Blut so rot!"
„Sie ist es für dich nicht alleine,
Drum schnell, sonst mach' ich dir Beine!"
„Ach Meister, mein Meister, so sprachst du schon,
Das war das Gesicht, der Blick, der Ton,
Gleich greifst du" – zum Stock, will er sagen,
Er sagt's nicht, er wird schon geschlagen.
„Ach Meister, mein Meister, ich geh', ich geh',
Bring' meiner Frau Mutter das letzte Ade!
Und sucht sie nach allen vier Winden,
Am Weidenbaum bin ich zu finden!"
Hinaus aus der Stadt! Und da dehnt sie sich,
die Heide, nebelnd, gespenstiglich,
Die Winde darüber sausend.
„Ach, wär' hier ein Schritt, wie tausend!"
Und alles so still, und alles so stumm,
Man sieht sich umsonst nach Lebendigem um,
Nur hungrige Vögel schießen
Aus Wolken, um Würmer zu spießen.
Er kommt ans einsame Hirtenhaus,
Der alte Hirt schaut eben heraus,
Des Knaben Angst ist gestiegen,
Am Wege bleibt er noch liegen.
„Ach Hirte, du bist ja von frommer Art,

Vier gute Groschen hab' ich erspart,
Gib deinen Knecht mir zur Seite,
Dass er bis zum Dorf mich begleite.
Ich will sie ihm geben, er trinke dafür
Am nächsten Sonntag ein gutes Bier,
Dies Geld hier, ich trag' es mit Beben,
Man nahm mir im Traum drum das Leben!"
Der Hirt, der winkte dem langen Knecht,
Er schnitt sich eben den Stecken zurecht,
Jetzt trat er hervor – wie graute
Dem Knaben, als er ihn schaute!
„Ach Meister Hirte, ach nein, ach nein,
Es ist doch besser, ich geh' allein!"
Der Lange spricht grinsend zum Alten:
„Er will die vier Groschen behalten."
„Da sind die vier Groschen!" Er wirft sie hin
Und eilt hinweg mit verstörtem Sinn.
Schon kann er die Weide erblicken,
Da klopft ihn der Knecht in den Rücken.
„Du hältst es nicht aus, du gehst zu geschwind,
Ei, Eile mit Weile, du bist ja noch Kind,
Auch muss das Geld dich beschweren,
Wer kann dir das Ausruhn verwehren?
Komm, setz' dich unter den Weidenbaum
Und dort erzähl' mir den hässlichen Traum;
Mir träumte – Gott soll mich verdammen,
trifft's nicht mit deinem zusammen!"
Er fasst den Knaben wohl bei der Hand,
Der leistet auch nimmermehr Widerstand,
Die Blätter flüstern so schaurig,
Das Wässerlein rieselt so traurig!
„Nun sprich, du träumtest" – „Es kam ein Mann –"
„War ich das? Sieh mich doch näher an,
Ich denke, du hast mich gesehn!
Nun weiter, wie ist es geschehn?"

„Er zog ein Messer!“ – „War das, wie dies?“ –
„Ach ja, ach ja!“ – „Er zogs?“ – „Und stieß –“
„Er stieß dir's wohl so durch die Kehle?
Was hilft es auch, dass ich dich quäle!“
Und fragt ihr, wie's weiter gekommen sei?
So fragt zwei Vögel, sie saßen dabei,
Der Rabe verweilte gar heiter,
Die Taube konnte nicht weiter!
Der Rabe erzählt, was der Böse noch tat,
Und auch, wie's der Henker gerochen [gerächt] hat;
Die Taube erzählt, wie der Knabe
Geweint und gebetet habe.[64]

Hebbel, der in meiner Heimatstadt in Wesselburen nahe Büsum an der Nordsee geboren worden ist, wuchs mit der plattdeutschen Sprache auf. Bei uns gibt es das Wort „Spökenkieker“ (spöken = spuken; Kieker = Gucker). Spökenkieker ist einer, der die Zukunft voraussehen, sie aber nicht ändern kann. Hebbel knüpft an die griechische Mythologie an. Kassandra, Tochter des trojanischen Königs Priamos, ist eine Seherin, die vor Unheil warnt, der aber niemand glaubt (siehe Kapitel „Kassandrarufe“).

---

64 Hebbel, Friedrich: Der Heideknabe. In: Janssen, Albrecht / Schräpel, Johannes (Hrsg.): Niederdeutsches Balladenbuch. München 1925, S. 288–291.

Motive

Halb zog sie ihn, halb sank er hin

Ein immer wiederkehrendes Thema von Moriaten und Bänkelgesängen ist der nasse Tod. Es vermischen sich hier reale alltägliche Gefahren vergangener Zeiten, schwarze Romantik und Volksglaube. Einige Beispiele?

Die Geister am Mummelsee

Eduard Mörike schlägt in seiner Ballade „Die Geister am Mummelsee“ denselben Ton an wie Goethe im „Erlkönig“. Die letzten Zeilen seines Spuklieds – *Davon! Sie wittern, sie haschen mich schon!* – könnten auch im „Erlkönig“ stehen.

Vom Berge was kommt dort um Mitternacht spät
mit Fackeln so prächtig herunter?
Ob das wohl zum Tanze, zum Feste noch geht?
Mir klingen die Lieder so munter.
O nein!
So sage, was mag es wohl sein?
Das, was du da siehest, ist Totengeleit,
und was du da hörest, sind Klagen.
Dem König, dem Zauberer, gilt es zuleid,
sie bringen ihn wieder getragen.
O weh!
So sind es die Geister vom See!

Sie schweben herunter ins Mummelseetal –
sie haben den See schon betreten –
sie rühren und netzen den Fuß nicht einmal –
sie schwirren in leisen Gebeten –
o schau
am Sarge die glänzende Frau!

Jetzt öffnet der See das grünspiegelnde Tor;
gib acht, nun tauchen die nieder!
Es schwankt eine lebende Treppe hervor,
und – drunten schon summen die Lieder;
hörst du?
Sie singen ihn unten zur Ruh.

Die Wasser, wie lieblich sie brennen und glüh'n!
Sie spielen in grünendem Feuer;
es geisten die Nebel am Ufer dahin,
zum Meere verzieht sich der Weiher. –
Nur still!
Ob dort sich nichts rühren will?

Es zuckt in der Mitten – o Himmel! ach hilf!
Nun kommen sie wieder, sie kommen!
Es orgelt im Rohr, und es klirret im Schilf;
nur hurtig, die Flucht nur genommen!
Davon!
Sie wittern, sie haschen mich schon![65]

65 Köhler, R. (Hg.), a. a. O., S. 130 f.

Der Seufzer

Ein Seufzer lief Schlittschuh auf nächtlichem Eis
Und träumte von Liebe und Freude.
Es war an dem Stadtwall, und schneeweiß
Glänzten die Stadtwallgebäude.

Der Seufzer dacht an ein Maidelein
Und blieb erglühend stehen.
Da schmolz die Eisbahn unter ihm ein,
Und er sank – und ward nimmer gesehen.[66]

Die Hochzeitnacht

Nachts durch die stille Runde
Rauschte des Rheines Lauf,
Ein Schifflein zog im Grunde,
Ein Ritter fuhr darauf.

Die Blicke irrend schweifen
Von seines Schiffes Rand.
Ein blutigroter Streifen
Sich um die Stirn ihm wand.

Der sprach: „Da oben stehet
Ein Schlösslein überm Rhein,
Die an dem Fenster stehet,
Das war die Liebste mein.

Sie hat mir Treu versprochen,
Bis ich gekommen sei;

---

66 Morgenstern, Christian: Alle Galgenlieder, Hamburg 2022, S. 39.

Sie hat die Treu gebrochen,
Und alles ist vorbei.“

Viel’ Hochzeitleute drehen
Da oben laut und bunt,
Sie bleibet einsam stehen
Und schauet in den Grund.

Und wie sie tanzen munter,
Und Schiff und Schiffer schwand,
Ging sie vom Schloss hinunter,
Bis sie im Garten stand.

Die Spielleut’ musizierten,
Sie sann gar mancherlei,
Die Töne sie so rührten,
Als müsst’ das Herz entzwei.

Da trat ihr Bräut’gam süße
Zu ihr aus stiller Nacht;
So freundlich er sie grüßte,
Dass ihr das Herze lacht.

Er sprach: „Was willst du weinen,
Weil alle fröhlich sein!
Die Sterne schöne scheinen,
So lustig geht der Rhein.

Das Kränzlein in den Haaren
Steht dir so wunderfein,
Wir wollen etwas fahren
Hinunter auf dem Rhein.“

Zum Kahn folgt sie behende,
Setzt sich ganz vorne hin,

Er setzt' sich an das Ende
Und ließ das Schifflein ziehn.

Sie sprach: „Die Töne kommen
Verworren durch den Wind,
Die Fenster sind verglommen,
Wir fahren so geschwind.

Was sind das für so lange
Gebirge weit und breit?
Mir wird auf einmal bange
In dieser Einsamkeit.

Und fremde Leute stehen
Auf mancher Felsenwand,
Und stehen still und sehen
So steinern über'n Rand."

Der Bräut'gam schien so traurig
Und sprach kein einzig Wort,
Schaut in die Wellen schaurig
Und rudert' immerfort.

Sie sprach: „Schon seh ich Streifen
So rot im Morgen stehn,
Und Stimmen hör ich schweifen,
Vom Ufer Hähne krähn.

Du siehst so still und wilde,
So bleich wird dein Gesicht,
Mir graut vor deinem Bilde –
Du bist mein Bräut'gam nicht."

Da stund er auf – das Sausen
Hielt still in Flut und Wald,

Es rührt mit Lust und Grausen
Das Herz ihr die Gestalt.

Und wie mit steiner'n Armen
Hob er sie auf voll Lust,
Drückt' ihren schönen warmen
Leib an die eis'ge Brust. –

Licht wurden Wald und Höhen,
Der Morgen schien blutrot,
Das Schifflein sah man gehen,
Die schöne Braut drin tot.[67]

Eichendorffs Ballade sucht ihresgleichen. Sie ist ein Psychodrama. Kein böses Wort, keine Mordwaffe – und doch tödlich. Der Meister der Stimmungsmalerei macht uns grausen. Um nur ein Beispiel zu nennen: „Du siehst so still und wilde, so bleich wird dein Gesicht." Still und wilde – welch ein Gegensatz! Goethe hat ihn auch gebraucht.

67 Eichendorff, Joseph von. In: Köhler, R. (Hg.), a. a. O., S. 88–91.

Schöne Mädchen und Massaker

Spätestens seit Helena oder Eva ist Verführung ein Thema, das Mord, Tod, Verbrechen – eigentlich alles, das hier direkt anknüpft – umfasst.

Die Gräuelhochzeit

In Frauenstadt ein harter Mann,
Es war ein reicher Bürgerssohn,
Der hat sich ausersehen
Ein reiches Mädchen hübsch und fein;
Er dacht, sie sollt sein eigen sein:
Der Handschlag war geschehen.

Als man bei etlich Wochen Zeit
Öffentlich zwei junge Leut
Dreimal verkündigt hatte,
Das Mädchen war betrübet sehr,
Wollt ihren Bräutigam nicht mehr,
Doch kam die Reu zu späte.

Ein Schuhknecht tat ihr gehen nach,
Welchem sie auch die Eh' versprach,
Und liebet ihn dermaßen.
Hat ihm versprochen vielmal schon:
Eh sie behielt den Bürgerssohn,
Wollt sie das Leben lassen.

Zur Hochzeit war nun alles bereit't.
Da man zwei verlobte Leut
Wollte zur Kirche führen,
Die Braut zu ihrem Bräutigam spricht:

„Du weißt, ich will dich haben nicht."
Das war groß Lamentieren.

Der Bräutigam wohl zu ihr sprach:
„Mein liebes Kind, bedenk die Sach,
Was du mir hast versprochen.
Schick dich, mein Schatz, tu mit mir gehn!
Lässt du mich hier in Schanden stehn,
So bleibt's nicht ungerochen.

Allein sie wollt nicht folgen ihm;
Der Bräutigam voll Zorn und Grimm
Tät in die Kammer gehen.
Alsbald er täte ein Pistol
Mit zweien Kugeln laden wohl,
das niemand täte sehen.

Indem so ging der Kirchgang an,
Es freute sich ein jedermann
und wollte gerne sehen,
Dass alles möchte werden gut,
Machten der Braut ein'n guten Mut,
Sie tät zur Kirche gehen.

Als nun die Braut und Bräutigam
Und alles Volk zur Kirche kam,
Der Priester täte gehen,
Wie sonst gebräuchlich, zum Altar,
Darauf kam das verlobte Paar
Und täten vor ihm stehen.

Als er die Braut gefraget nun,
Ob sie den Junggesellen schön
Zu ihrem Mann wollt' haben,
Darauf die Braut antwortet bald:

„Eh ich zum Mann ihn haben wollt,
Eh geb ich auf mein Leben.“

Kaum sie das Wort geredet wohl,
Der Bräutigam nahm das Pistol,
Es tät ihn so verdrießen,
Dass er die Braut vor dem Altar,
Da alles Volk zugegen war,
Täte darniederschießen.

Drauf war der Braut ihr Bruder da;
Als er die Schwester erschossen sah,
Zog aus der Scheide sein Messer,
Stach mit großem Schmerz
Dem Bräutigam auch durch das Herz.
Da lagen alle beide.

Da ward ein großes Mordgeschrei,
Das Volk lief flugs alles herbei:
Es waren zwei Parteien.
Die eine hielt zum Bräutigam,
Die andere sich der Braut annahm,
Da war ein kläglich Schreien.

Man schlug, man haut, man stach darein,
Man schonte weder groß noch klein
Mit Messer, Säbel und Degen;
Oft manches trug ein'n Fetz davon,
Sieben Personen, Weib und Mann,
Tot in der Kirchen lagen.

Als nun der Hader hätt ein End,
Ein jedes hebet auf die Händ
Und tat nach Hause gehen.
Jedermann führte große Klag

Und sprach: „Ich hab mein Lebetag
Kein solche Hochzeit gesehen."[68]

Die formelhafte Sprache soll den Eindruck vertiefen, als seien diese Ungeheuerlichkeiten vor langer Zeit geschehen, als ein Handschlag noch genügte, um ein Eheversprechen einzugehen. Aber wo Gefühle überschäumen, verhindern weder Bräuche noch Gesetze Entgleisungen. Haben wir deshalb den Eindruck, als habe diese Mordgeschichte erst gestern in der Zeitung gestanden?

---

68 Flugblatt, veröffentlicht in: Arnim / Brentano, a. a. O., S. 87f.

Die Mordwirtin

Es waren drei Soldatensöhn,
Sie haben Lust, in Krieg zu gehn,
Wohl ins Soldatenleben.
Sie bleiben aus ein kleine Weil,
Sie machen sich Geld und Brot dabei,
Auch ungarische Dukaten.

Sie haben sich ganz kurz bedacht
Und haben sich wieder nach Haus gemacht,
Frau Wirtin sprang entgegen.
„Frau Wirtin, hat sie die Gewalt,
Ein'n Reiter über Nacht aus zu behalten,
Dazu auch gastieren?"

„Warum werd ich die G'walt nicht hab'n,
Einen Reiter über Nacht zu behalten,
Dazu und auch gastieren?"
Der Reiter setzt sich oben an den Tisch:
„Sie mag mir auftragen, was sie will,
Ich kann's ja wohl bezahlen."

Sie trägt ihm auf geback'ne Fisch
Und einen Schweinebraten,
Und als es war, als da man schlief:
„Ach Mann, ich kann nicht schlafen!"
Sie macht das Pfännchen mit dem Fette heiß
Und schütt'st dem Reiter in den Hals hinein,

Kriegt ihn an seiner schneeweißen Hand
Und schleift ihn in'n Keller in kühlen Sand:
„Da kannst du liegen
Bis morgen Mittag verschwiegen."
Des Morgens, als sein Kamerad kam:

„Wo ist der Reiter?“

„Der Reiter und der ist weiter,
Der Reiter, der kann weiter sein.“
„Er kann in Eurem Hause sein,
Hat Sie dem Reiter was Leids getan,
So hat Sie’s Ihrem lieben Sohn getan,
Der aus dem Krieg ist kommen.“

Sie hat sich in den Brunnen gesprengt,
Er hat sich in die Scheuer gehängt,
Müssen an einem Tag drei sterben.

Auch diese Moritat findet sich in der Sammlung *Des Knaben Wunderhorn (a. a. O., S. 445).* Sie ist voller Dramatik, aber ohne Logik: Warum erkennt der erste Reiter seine Mutter nicht? Warum erkennt die Mutter ihren Sohn nicht? Warum entdeckt der zweite Reiter, dass es sich bei der Mörderin um die Mutter seines Bruders handelt? Und was macht der dritte Reiter? Auch kommt es der Moritat nicht sonderlich auf die Reimkunst an. Was zählt, ist die psychische Katastrophe.

In einem Polenstädtchen

In einem Polenstädtchen,
Da lebte einst ein Mädchen,
Das war so schön!
Es war das allerschönste Kind,
Das man in Polen find't.
Aber nein, aber nein, sprach sie:
Ich küsse nie!

Wir spielten Schach und Mühle,
Und sie verlor im Spiele
Ihr ganzes Geld.
Ich zahl dir alle deine Schuld
Um eines Kusses Huld.
Aber nein, aber nein, sprach sie:
Ich küsse nie.

Ich führt' sie einst zum Tanze,
Da fiel aus ihrem Kranze
Ein Röslein rot.
Ich hob es auf von ihrem Fuß
Und bat um einen Kuss.
Aber nein, aber nein, sprach sie:
Ich küsse nie!

Und als der Tanz zu Ende
Reicht sie mir Mund und Hände
Zum Abschied hin.
Komm her, du stolzer Kanonier,
Bekommst den ersten Kuss von mir.
Vergiss Maruschka nicht,
Das Polenkind!

(Wir sangen: Komm her, du Dussel-Dusseltier; aber das war wohl nicht richtig.)

Und als ich kam nach Polen,
Maruschka mir zu holen,
Ich suchte hier und dort.
Ich suchte sie an jedem Ort
Und fand Maruschka nicht,
Das Polenkind.

In einem kleinen Teiche,
Da schwamm 'ne Wasserleiche,
Die war so schön.
Sie trug 'nen Zettel in der Hand,
Worauf geschrieben stand:
Ich hab' einmal geküsst
Und schwer gebüßt!

Der Verfasser des Volkslieds ist unbekannt. 1846 erschien es in „Deutscher Liederkranz".[69] In der „Weltkriegsliedersammlung" von 1926 heißt es nicht „Polenstädtchen", sondern „Schlesienstädtchen".[70] Soldaten haben das Lied gern gesungen. Sie besaßen oft Brot, Wurst und Süßigkeiten, mit denen sie ein Mädchen verführen konnten. Und manchmal erwischte sie selbst die große Liebe – so wie den Liebhaber von Maruschka, dem allerschönsten Kind, das man in Polen find't.

---

69 (Anonym): Deutscher Liederkranz: Die beliebtesten Gesellschaftslieder, Romanzen, Arien, Chöre aus älteren und neueren Opern. N.p.: in der A. Sorge'schen Buchhandlung, 1846.

70 (Anonym): Weltkriegsliedersammlung: mit Unterstützung der Weltkriegsbücherei-Stuttgart, der Deutschen Bücherei-Leipzig und zahlreicher Kriegsteilnehmer bearb. und ausgewählt. Verlag „Der Deutschmeister", 1926, S. 146.

Schorsch, du musst jetzt nach Amerika

Schorsch, du musst
jetzt nach Amerika,
Sprach der Vater einst zu mir;
Denn du liebst die dicke Lina,
(Pause),
Und das ist nicht, und das ist nicht nett von dir,
Eins, zwei, drei,
Und das ist nicht und das ist nicht nett von dir!

Weil die Lina evangelisch
Und der Schorsch katholisch ist,
Darum wollten es die Eltern
(Pause)
Und die ganze Sippschaft nicht,
Eins, zwei, drei,
Darum wollten es die Eltern
(Pause)
Und die ganze Sippschaft nicht.

Auf dem Bahnhof angekommen,
Gab's 'ne große Sauferei.
Jeder hat sich ein's genommen
(Pause)
Und die Lina soff für drei,
Eins, zwei, drei,
Und die Lina soff für drei.

In Amerika wär's viel schöner,
Wär die Lina auch dabei.
Und mein Herz wird immer schwerer (Pause)
Und es wird so schwer wie Blei.
Eins, zwei, drei ...

Darum, Jüngling, lass dir sagen,
Eh' du eine Jungfrau küsst,
Frag sie, ob sie evigelisch
(Pause)
Oder katalaunisch ist!
Eins, zwei, drei ...[71]

Dieses Bänkellied nimmt die Luft raus aus der dramatischen Seifenblase. Dagegen blasen die meisten Moritaten die Backen auf.

71 (Anonym), in: Weltkriegsliedersammlung, a. a. O., S. 476.

Und das hat mit ihrem Singen die Lore-Ley getan

Die Romantiker griffen im 19. Jahrhundert das Motto von der unerfüllbaren Liebe auf. Heinrich Heine hat das wehmütige Pathos 1824 in seinem Gedicht über die Lore-Ley karikiert. Zu dieser schmalzigen Persiflage wurde Heine durch eine Kunstsage von Clemens von Brentano angeregt.

Ich weiß nicht, was soll es bedeuten

Ich weiß nicht, was soll es bedeuten,
Dass ich so traurig bin;
Ein Märchen aus alten Zeiten,
Das kommt mir nicht aus dem Sinn.

Die Luft ist kühl, und es dunkelt,
Und ruhig fließet der Rhein;
Der Gipfel des Berges funkelt
Im Abendsonnenschein.

Die schönste Jungfrau sitzet
Dort oben wunderbar;
Ihr goldnes Geschmeide blitzet,
Sie kämmt ihr goldenes Haar.

Sie kämmt es mit goldenem Kamme
Und singt ein Lied dabei;
Das hat eine wundersame,
Gewaltige Melodei.

Den Schiffer im kleinen Schiffe
Ergreift es mit wildem Weh.
Er schaut nicht die Felsenriffe,
Er schaut nur hinauf in die Höh'.

Ich glaube, die Wellen verschlingen
Am Ende Schiffer und Kahn;
Und das hat mit ihrem Singen
Die Lore-ley getan.[72]

Dazu, dass diese ironisch-penetrant übertreibende Parodie vor allem im 19. Jahrhundert als sentimentales Volkslied verstanden wurde, hat die eingängige Vertonung durch Friedrich Silcher viel beigetragen (1837).

Und da macht er falsche Griffe

In einer *Parodie* der *Karikatur* hat Gustav Schulten ein Bänkellied daraus gemacht:

Ich weiß nicht, was soll es bedeuten,
Dass ich so traurig bin;
Ein Mädchen aus uralten Zeiten,
Das kommt mir nicht aus dem Sinn.
Und die Luft ist kühl und dunkel,
Und der Abendstern, der funkelt,
Und ganz ruhig fließt der Rhein
In das Binger Loch hinein.
Der Gipfel des Berges funkelt
Und funkelt im Abendsonnenschein.

---

72 Heine, Heinrich: Buch der Lieder, Hamburg 1827, S. 178 f.

Die schönste Jungfrau sitzet
Dort oben wunderbar,
Ihr goldenes Geschmeide blitzet,
Sie kämmt ihr goldenes Haar.
Und sie kämmt es mit dem Kamme
Und sie wäscht sich mit dem Schwamme
Und sie singt ein Lied dabei
Von der schönen Lorelei,
Das hat eine wundersame, gewaltige Melodei.

Den Schiffer im kleinen Schiffe,
Den ergreift's mit wildem Weh.
Er sieht nicht die Felsenriffe,
Er sieht nur hinauf auf die Höh'.
Und da macht er falsche Griffe,
Und da kippt er aus dem Schiffe,
Aus dem kleinen Äppelkahn.
Und das hat mit ihrem Singen
Die Lorelei getan.[73]

Kopfüber auf der Wand

Die Loreley, bekannt als Fee und Felsen,
Ist jener Fleck am Rhein, nicht weit von Bingen,
Wo früher Fischer mit verdrehten Hälsen,
Von blonden Haaren schwärmend, untergingen.

Wir wandeln uns, die Schiffer inbegriffen.
Der Rhein ist reguliert und eingedämmt.
Die Zeit vergeht. Man stirbt nicht mehr beim Schiffen,
Bloß weil ein blondes Weib sich dauernd kämmt.

---

73 Schulten, G. (Hg.), a. a. O., S. 202f.

Nichtsdestotrotz geschieht auch heutzutage
Noch manches, was der Steinzeit ähnlich sieht.
So alt ist keine deutsche Heldensage,
Dass sie nicht doch noch Helden nach sich zieht.

Erst neulich machte auf der Loreley
Hoch überm Rhein ein Turner einen Handstand!
Von allen Dampfern tönte Angstgeschrei,
Als er kopfüber oben auf der Wand stand.

Er stand, als ob er auf dem Barren stünde.
Mit hohlem Kreuz. Und lustbetonten Zügen.
Man frage nicht: Was hatte er für Gründe?
Er war ein Held. Das dürfte wohl genügen.

Er stand verkehrt im Abendsonnenscheine.
Da trübte Wehmut seinen Turnerblick.
Er dachte an die Loreley von Heine.
Und stürzte ab. Und brach sich das Genick.

Er starb als Held. Man muss ihn nicht beweinen.
Sein Handstand war vom Schicksal überstrahlt.
Ein Augenblick mit zwei gehobnen Beinen
Ist nicht zu teuer mit dem Tod bezahlt!

Eins wäre allerdings noch nachzutragen!
Der Turner hinterließ uns Frau und Kind.
Hinwiederum, man soll sie nicht beklagen,
Weil im Bereich der Helden und der Sagen
Die Überlebenden nicht wichtig sind.[74]

---

74 Loreley. Text: Erich Kästner. Melodie: Walter Michaelis, in: Schulten, Gustav (Hg.), a. a. O., S. 178.

Ich weiß, ich will nichts bedeuten

Ich weiß, ich will nichts bedeuten,
Weshalb ich so heiter bin.[75]

Im Bänkelsängerlied geht es um mehr als um persönliche Tragik.

75 Frei nach Heinrich Heine. In: Gutzschhahn, Uwe-Michael: Unsinn lässt grüßen, Hildesheim 2012, S. 5.

Augenrollende Dramatik

Was Günter Kunert über Bertolt Brecht und seine Vorliebe für Balladen schreibt, gilt auch für andere Barden und deren theatralische Produkte: Ihn faszinierte ihr überdimensionaler Gestus, ihre augenrollende Dramatik, immer zwei Nummern zu groß, die markerschütternde Pathetik, die lächerliche Sentimentalität und das weltfremde Ethos.[76]

Bänkellied oder Ballade?

Balladen sind in ihrer Mehrzahl Loblieder auf den braven Mann, z. B. von Goethe „Es war ein König von Thule"; Schillers „Die Bürgschaft"; Theodor Fontanes „John Maynard"; Gottfried August Bürgers „Das Lied vom braven Manne" usw. usw. Letzteres „Leonore" ist anders. Zu viele Strophen, um die Schauerballade zu singen; aber mehrmals vertont, u. a. von Löwe und von Liszt.

Leonore

Lenore fuhr ums Morgenrot
Empor aus schweren Träumen:
„Bist untreu, Wilhelm, oder tot?

76 Brecht, Bertolt: Über die irdische Liebe und andere Welträtsel in Liedern und Balladen. Auswahl und Vorwort von Günter Kunert. Berlin 1990, S. 5.

Wie lange willst du säumen?" –
Er war mit König Friedrichs Macht
Gezogen in die Prager Schlacht
Und hatte nicht geschrieben,
Ob er gesund geblieben.

Der König und die Kaiserin,
Des langen Haders müde,
Erweichten ihren harten Sinn
Und machten endlich Friede;
Und jedes Heer, mit Sing und Sang,
Mit Paukenschlag und Kling und Klang,
Geschmückt mit grünen Reisern,
Zog heim zu seinen Häusern.

Und überall, allüberall,
Auf Wegen und auf Stegen,
Zog Alt und Jung dem Jubelschall
Der Kommenden entgegen.
„Gottlob!", rief Kind und Gattin laut,
„Willkommen!", manche frohe Braut;
Ach! aber für Lenoren
War Gruß und Kuss verloren.

Sie frug den Zug wohl auf und ab
Und frug nach allen Namen;
Doch die erwünschte Kundschaft gab
Nicht einer, so da kamen.
Als nun das Heer vorüber war,
Zerraufte sie ihr Rabenhaar
Und taumelte zur Erde
Mit wilder Angstgebärde.

Die Mutter lief wohl hin zu ihr:
„Ach! dass sich Gott erbarme!

Du trautes Kind! was ist mir dir?“
Und schloss sie in die Arme.
„O Mutter, Mutter! Hin ist hin!
Nun fahre Welt und alles hin!
Gott heget kein Erbarmen;
O weh, o weh mir Armen!“ –

„Hilf Gott! Hilf! Sieh’ uns gnädig an!
Kind, bet’ ein Unser Vater!
Was Gott thut, das ist wohlgetan,
Gott, deines Heils Berater!“ –
„O Mutter, Mutter! Eitler Wahn!
Gott hat an mir nicht wohlgetan!
Was half, was half mein Beten?
Nun ist’s nicht mehr von Nöten!“ –

„Hilf, Gott! hilf! Wer den Vater kennt,
Der weiß, er hilft den Kindern.
Das hochgelobte Sakrament
Wird deinen Jammer lindern.“ –
„O Mutter, Mutter, was mich brennt,
Das lindert mir kein Sakrament!
Kein Sakrament mag Leben
Den Toten wiedergeben!“ –

„Hör’ Kind! Wie, wenn der falsche Mann
Im fernen Ungerlande
Sich seines Glaubens abgethan
Zum neuen Ehebande?
Lass fahren, Kind, sein Herz dahin!
Sein Herz hat’s nimmermehr Gewinn!
Wann Seel und Leib sich trennen,
Wird ihn sein Meineid brennen!“ –

„O Mutter, Mutter! hin ist hin!
Verloren ist verloren!
Der Tod, der Tod ist mein Gewinn!
O wär ich nie geboren!
Lisch aus, mein Licht! auf ewig aus!
Stirb hin! stirb hin! in Nacht und Graus!
Kein Öl mag Glanz und Leben,
Mag's nimmer wiedergeben!" –

„Hilf Gott! hilf! Geh' nicht ins Gericht
Mit deinem armen Kinde!
Sie weiß nicht, was die Zunge spricht;
Behalt' ihr nicht die Sünde!
Ach Kind, vergiss dein irdisch Leid
Und denk' an Gott und Seligkeit,
So wird doch deiner Seelen
Der Bräutigam nicht fehlen!" –

„O Mutter! Was ist Seligkeit?
O Mutter, was ist Hölle?
Bei Wilhelm nur wohnt Seligkeit;
Wo Wilhelm fehlt, brennt Hölle!
Lisch aus, mein Licht! auf ewig aus!
Stirb hin! stirb hin! in Nacht und Graus!
Ohn' ihn mag ich auf Erden,
Mag dort nicht selig werden!" –

So wütete Verzweifelung
Ihr in Gehirn und Adern.
Sie fuhr mit Gottes Fürsehung
Vermessen fort zu hadern,
Zerschlug den Busen und zerrang
Die Hand bis Sonnenuntergang,
Bis auf am Himmelsbogen
Die goldnen Sterne zogen.

Und außen, horch! ging's trap trap trap,
Als wie von Rosses Hufen,
Und klirrend stieg ein Reiter ab
An des Geländers Stufen.
Und horch! und horch! den Pfortenring
Ging lose, leise, klinglingling!
Dann kamen durch die Pforte
Vernehmlich diese Worte:

„Holla! Holla! Thu' auf, mein Kind!
Schläfst, Liebchen, oder wachst du?
Wie bist noch gegen mich gesinnt?
Und weinest oder lachst du?" –
„Ach, Wilhelm! du? – So spät bei Nacht?
Geweinet hab' ich und gewacht;
Ach! großes Leid erlitten!
Wo kömmst du geritten?" –

„Wir satteln nur um Mitternacht.
Weit ritt ich her von Böhmen:
Ich habe spät mich aufgemacht
Und will dich mit mir nehmen!" –
„Ach, Wilhelm! erst herein geschwind!
Den Hagedorn durchsaust der Wind!
Herein, in meinen Armen,
Herzliebster, zu erwarmen!" –

„Lass sausen durch den Hagedorn,
Lass sausen, Kind, lass sausen!
Der Rappe scharrt! es klirrt der Sporn;
Ich darf allhier nicht hausen!
Komm, schürze, spring' und schwinge dich
Auf meinen Rappen hinter mich!
Muss heut' noch hundert Meilen
Mit dir ins Brautbett eilen." –

„Ach! wolltest hundert Meilen noch
Mich heut' ins Brautbett tragen?
Und horch! Es brummt die Glocke noch,
Die elf schon angeschlagen." –
„Komm', komm'! der volle Mond scheint hell;
Wir und die Toten reiten schnell,
Ich bringe dich, zur Wette,
Noch heut' ins Hochzeitbette." –

„Sag' an! wo? wie dein Kämmerlein?
Wo? wie das Hochzeitbettchen?"–
„Weit, weit von hier! Still, kühl und klein! –
Sechs Bretter und zwei Brettchen!" –
„Hat's Raum für mich?" – „Für dich und mich!
Komm', schürze, spring' und schwinge dich!
Die Hochzeitsgäste hoffen;
Die Kammer steht uns offen." –

Und Liebchen schürzte, sprang und schwang
Sich auf das Ross behende;
Wohl um den trauten Reiter schlang
Sie ihre Lilienhände,
Haho! haho! ha hopp hopp hopp!
Fort ging's im sausenden Galopp,
Der volle Mond schien helle;
Wie ritten die Toten so schnelle!

Zur rechten und zur linken Hand
Vorbei vor ihren Blicken
Wie flogen Anger, Heid' und Land!
Wie donnerten die Brücken!
„Graut Liebchen auch? – Der Mond scheint hell!
Hurra! Die Toten reiten schnell!
Graut Liebchen auch vor Toten?" –

„Ach nein! doch lass die Toten!“
Was klang dort für Gesang und Klang?
Was flatterten die Raben?
Horch, Glockenklang! Horch, Totensang!
„Lasst uns den Leib begraben!“
Und näher zog ein Leichenzug,
Der Sarg und Totenbahre trug.
Das Lied war zu vergleichen
Dem Unkenruf in Teichen.

„Nach Mitternacht begrabt den Leib
Mit Klang und Sang und Klage!
Erst führ’ ich heim mein junges Weib;
Mit, mit zum Brautgelage!
Komm’, Küster, hier! Komm mit dem Chor
Und gurgle mir das Brautlied vor!
Komm’, Pfaff’, und sprich den Segen,
Eh’ wir zu Bett uns legen!“–

Still Klang und Sang –
die Bahre schwand. –
Gehorsam seinem Rufen
Kam’s, hurre! hurre! nachgerannt
Hart hinters Rappen Hufen,
Haho! haho! ha! hopp, hopp, hopp!
Fort ging’s im sausenden Galopp;
Der volle Mond schien helle;
Wie ritten die Toten so schnelle! –

Wie flogen rechts, wie flogen links
Die Hügel, Bäum’ und Hecken!
Wie flogen links und rechts und links
Die Dörfer, Städt’ und Flecken!
„Graut Liebchen auch? Der Mond scheint hell!
Hurra! Die Toten reiten schnell!

Graut Liebchen auch vor Toten?“ –
„Ach! Lass sie ruhn, die Toten!“ –

Sieh’ da! Juchhei! Am Hochgericht
Tanzt um des Rades Spindel,
Halb sichtbarlich, bei Mondenlicht,
Ein luftiges Gesindel.
„Sa! sa! Gesindel, hier! komm’ hier!
Gesindel, komm und folge mir!
Tanz’ uns den Hochzeitreigen,
Wann wir das Bett besteigen!“ –

Und das Gesindel, husch, husch, husch!
Kam hinten nach geprasselt,
Wie Wirbelwind am Haselbusch
Durch dürre Blätter rasselt.
Haho! haho! ha! hopp, hopp, hopp!
Fort ging’s im sausenden Galopp;
Der volle Mond schien helle;
Wie ritten die Toten so schnelle! –

Wie flog, was rund der Mond beschien,
Wie flog es in die Ferne!
Wie flogen oben überhin
Der Himmel und die Sterne!
„Graut Liebchen auch? Der Mond scheint hell!
„Hurra! die Toten reiten schnell!
Graut Liebchen auch vor Toten?“ –
„O weh! Lass ruhn die Toten!“ – – –

„Rapp’! Rapp’! Mich dünkt, der Hahn schon ruft, –
Bald wird der Sand verrinnen. –
Rapp’! Rapp’! Ich wittre Morgenluft,
Rapp’! Tummle dich von hinnen! –
Vollbracht! Vollbracht ist unser Lauf!

Das Hochzeitsbette thut sich auf;
Wir sind, wir sind zur Stelle;
Ha! reiten die Toten nicht schnelle?" –

Rasch auf ein eisern Gitterthor
Ging's mit verhängtem Zügel;
Mit schwanker Gert' ein Schlag davor
Zersprengte Schloss und Riegel.
Die Flügel flogen klirrend auf,
Und über Gräber ging der Lauf;
Es blinkten Leichensteine
Ringsum im Mondenscheine.

Ha sieh'! ha sieh'! Im Augenblick,
Hu! hu! ein grässlich Wunder!
Des Reiters Koller, Stück für Stück,
Fiel ab wie mürber Zunder,
Zum Schädel ohne Zopf und Schopf,
Zum nackten Schädel ward sein Kopf;
Sein Körper zum Gerippe
Mit Stundenglas und Hippe.

Hoch bäumte sich, wild schnob der Rapp'
Und sprühte Feuerfunken;
Und hui! war's unter ihr hinab
Verschwunden und versunken!
Geheul! Geheul aus hoher Luft,
Gewinsel kam aus tiefer Gruft;
Lenorens Herz, mit Beben,
Rang zwischen Tod und Leben.

Nun tanzten wohl bei Mondenglanz
Rundum herum im Kreise
Die Geister einen Kettentanz
Und heulten diese Weise:

„Geduld! Geduld! Wenn's Herz auch bricht!
Mit Gottes Allmacht hadre nicht!
Des Leibes bist du ledig;
Gott sei der Seele gnädig!" [77]

Die Ballade endet hier noch lange nicht, aber für uns reicht's.

77 Bürger, Gottfried August: Leonore, in: Reinhard, Karl (Hg.): Gedichte, Göttingen: Dieterische Buchhandlung 1817, S. 68–83. Mehrfach in Musik gesetzt, teils als Strophenlied (Kirnberger), teils durchkomponiert (Löwe), bald als Melodrama behandelt (Liszt). Siehe dazu: Böhme, Franz Magnus (Hg.): Volksthümliche Lieder der Deutschen im 18. und 19. Jahrhundert : nach Wort u. Weise aus alten Drucken u. Handschriften, sowie aus Volksmund zusammengebracht, mit krit.-histor. Anmerkungen versehen, Leipzig: Breitkopf & Härtel 1895.

Bei Bertolt Brecht ist die Grenze zwischen Ballade und Bänkellied fließend. Wie meistens bewegt den Dichter Sozialkritik:

Die Ballade vom Wasserrad

Von den Großen dieser Erde
Melden uns die Heldenlieder:
Steigend auf so wie Gestirne
Gehn sie wie Gestirne nieder.
Das klingt tröstlich, und man muss es wissen.
Nur: für uns, die sie ernähren müssen,
Ist das leider immer ziemlich gleich gewesen.
Aufstieg oder Fall: Wer trägt die Spesen?
Freilich dreht das Rad sich immer weiter,
Dass, was oben ist, nicht oben bleibt.
Aber für das Wasser unten heißt das leider
Nur, dass es das Rad halt ewig treibt.
Ach, wir hatten viele Herren,
Hatten Tiger und Hyänen,
Hatten Adler, hatten Schweine,
Doch wir nährten den und jenen.
Ob sie besser waren oder schlimmer:
Ach, der Stiefel glich dem Stiefel immer
Und uns trat er. Ihr versteht: Ich meine,
Dass wir keine andern Herren brauchen, sondern – keine!
Freilich dreht das Rad sich immer weiter,
Dass, was oben ist, nicht oben bleibt.
Aber für das Wasser unten heißt das leider
Nur: dass es das Rad halt ewig treibt.[78]

78 Brecht, B., a. a. O., S. 91.

Die Moritat von Mackie Messer aus der Dreigroschenoper von Bert Brecht kommt ohne Zeigefinger aus. Scheinbar.

Die Moritat von Mackie Messer

Und der Haifisch, der hat Zähne,
Und die trägt er im Gesicht,
Und Macheath, der hat ein Messer,
Doch das Messer sieht man nicht.

An 'nem schönen blauen Sonntag
Liegt ein toter Mann am Trent,
Und ein Mensch geht um die Ecke,
Den man Mackie Messer nennt.

Und Schmul Meier bleibt verschwunden
Und so mancher reiche Mann,
Und sein Geld hat Mackie Messer,
Dem man nichts beweisen kann.

Jenny Towler ward gefunden
Mit 'nem Messer in der Brust,
Und am Kai geht Mackie Messer,
Der von allem nichts gewusst.

Und das große Feuer in Soho:
Sieben Kinder und ein Greis!
In der Menge Mackie Messer, den
Man nicht fragt und der nichts weiß.

Und die minderjährige Witwe,
Deren Namen jeder weiß,
Wachte auf und war geschändet:
Mackie, welches war dein Preis?

Wachte auf und war geschändet:
Mackie, welches war dein Preis?[79]

Zum Schlager im wahrsten Sinne des Wortes wurde die folgende Moritat von Kurt Feltz:

Kriminal-Tango

Und sie tanzen einen Tango,
Jacky Brown und Baby Miller,
Und er sagt ihr leise: „Baby,
Wenn ich austrink, machst du dicht."
Dann bestellt er zwei Manhattan,
Und dann kommt ein Herr mit Kneifer.
Jack trinkt aus, und Baby zittert,
Doch dann löscht sie schnell das Licht.

(Refrain:)
Kriminal-Tango in der Taverne
Dunkle Gestalten, rote Laterne.
Glühende Blicke, steigende Spannung,
Und in die Spannung, da fällt ein Schuss.

Und sie tanzen einen Tango,
Alle, die davon nichts ahnen;
Und sie fragen die Kapelle:
„Hab'n Sie nicht was Heißes da?"
Denn sie können ja nicht wissen,
Was da zwischen Tag und Morgen
In der nächtlichen Taverne
Bei dem Tango schon geschah.

---

79 Brecht, Bertolt: Und der Haifisch, der hat Zähne : die großen Songs und kleinen Lieder, Berlin 1979, S. 184.

(Refrain)

Und sie tanzen einen Tango,
Jacky Brown und Baby Miller,
Und die Kripo kann nichts finden,
Was daran verdächtig wär'.
Nur der Herr da mit dem Kneifer,
Dem der Schuss im Dunkel galt,
Könnt' vielleicht noch etwas sagen;
Doch der Herr, der sagt nichts mehr.

(Refrain [variiert:])
Kriminal-Tango in der Taverne,
Dunkle Gestalten, rote Laterne.
Abend für Abend immer das Gleiche;
Denn dieser Tango geht nie vorbei.[80]

Messerballade

Sitzt der Vater mit dem Sohn
in der dämmerfahlen Stube,
schaut ihn an, spricht keinen Ton.
Hu! – Es zittert bang der Bube.
Gleich wird Schluss sein; doch – es muss sein!
„Bring ein Messer!“, würgt er tonlos
endlich vor. „Doch – dass es tauge!“
Und dabei starrt er den Sohn
groß an mit glasig trübem Auge!
Gleich wird Schluss sein; doch – es muss sein!
„Nimm die Kerze in die Linke!
In der Rechten halt das Messer!

---

80 Weigele, Klaus K. (Hg.): Stimmband, Lieder und Songs, Stuttgart 2012, S. 220 f.

Heb es höher, dass es blinke!
So seh ich's im Keller besser!
Gleich wird Schluss sein, doch – es muss sein!"
Und sie schleichen aus der Stube.
Vorneweg mit Dolch und Leuchter
wankt der zitterbange Bube;
von der Stirn perlt's feucht und feuchter.
Gleich wird Schluss sein; doch – es muss sein!
Dunkle Treppen geht's hinunter,
dann durch einen finstren Gang.
Schwarze Schatten huschen munter
an der Kellerwand entlang.
Gleich wird Schluss sein; doch – es muss sein!
In der letzten Kammer spricht
kalt der Vater: „Leuchte besser,
denn im Dunkeln seh ich nicht!
So ist's gut – Jetzt reich das Messer!"
Gleich wird Schluss sein, doch – es muss sein!
Und der Vater zückt den Stahl,
dass die blanken Schneiden blinken,
und – stößt zu! –
Im Räuchersaal
schnitt er ab den letzten Schinken.[81]

81 Burger, Thomas: Messerballade, in: Schubert, Reinhart (Hg.): Wege zum Lesen, Frankfurt am Main 1988, S. 105.

Galgenvögel

Galgenvogel war ursprünglich ein geflügelter Aasfresser, der oben auf dem Balken eines Galgens saß und vom Fleisch des Gehenkten fraß. Pieter Bruegel hat 1568 auf einem Gemälde eine Elster als Galgenvogel dargestellt. Für gewöhnlich war der Rabe der Galgenvogel oder Unglücksrabe. Im übertragenen Sinn wird eine Unperson, die das Gesetz überschritten hat und eigentlich an den Galgen gehört, als Galgenvogel bezeichnet. Oder auch als Galgenstrick.

Christian Morgenstern hat aus einer alten Weise *Mariechen* von Joseph Christian von Zedlitz eine Parodie gemacht, dabei sich reichlich an populären Versatzstücken bedient:

Mariechen saß weinend im Garten,
Im Grase lag schlummernd ihr Kind.
Es rasselten die Klapperschlangen,
Bis ihre Rasseln schlapper klangen.

Auf den Rabenklippen
Bleichen Knabenrippen,
Und der Mond verkriecht sich im Gewölk.
Rings im Kringel schnattern
Schwarze Ringelnattern,
Und der Uhu naht sich im Gebölk.[82]

82 Morgenstern, C., a. a. O., S. 14ff. Anlehnung an ein Lied von Seidel, Heinrich: Auf den Rabenklippen, in: Silcher, Friedrich / Erk, Friedrich: Allgemeines Deutsches Kommersbuch, Lahr 1858, S. 570.

Galgenvogel und Henkersmädel

Rabenvogel, Galgenvogel
Rabenvogel, Galgenvogel,
Flieg hinauf zum Galgen!
Musst dich dort mit andern Raben
Um die Reste balgen.

Henkersmahlzeit, Henkersmahlzeit
Ist ein Galgenstrick.
Im Leben sann er nur auf Böses,
Jetzt macht er dein Glück.
Rabenvogel, Galgenvogel,
Er war die Schande sein's Geschlechts,
Doch wenn er dir und andern schmecket,
Tut er am End was Recht's.

Rabenvogel, Galgenvogel,
Über wen kann man das sagen?
Wer noch im Tod das Rechte tut,
Über den soll man nicht klagen![83]

83 Kurt Reumann

Mit besonderer Liebe hat sich Christian Morgenstern der Galgenbrüder und Nachtmahre angenommen.

Bundeslied der Galgenbrüder

O schauerliche Lebenswirrn,
Wir hängen hier am roten Zwirn!
Die Unke unkt, die Spinne spinnt,
Und schiefe Scheitel kämmt der Wind.

O Greule, Greule, wüste Greule!
„Du bist verflucht!“, so sagt die Eule.
Der Sterne Licht am Mond zerbricht,
Doch dich zerbrachs noch immer nicht.

O Greule, Greule, wüste Greule!
Hört ihr den Huf der Silbergäule?
Es schreit der Kauz: pardauz, pardauz,
Da taut's, da graut's, da braut's. da blaut's![84]

---

84 Morgenstern, C., a. a. O., S. 19 f.

Bei den Galgenvögeln darf ein Klassiker nicht fehlten: Martin Luther. Keine Moritat, fürwahr, aber ein Lob der Leidenschaft für die Musik, das Gedicht. Und da Luther gerne drastisch argumentiere – vielleicht ja doch eine „schaurige Ballade". Urteilen Sie selbst!

Frau Musica

Von allen Freuden auf Erden
Kann niemandem eine schönere werden;
Denn die ich geb mit mein'm Singen
Und mit manchem süßen Klingen.

Hier kann nicht sein böser Mut,
Wo da singen Gesellen gut.
Hier bleibt kein Zorn, Zank, Hass noch Neid,
Weichen muss alles Herzeleid.
Geiz, Sorg und was sonst hart anleit
Fährt hin mit aller Traurigkeit.

Auch ist ein jeder des wohl frei,
Dass solche Freud kein' Sünde sei,
Sondern auch Gott viel besser gefällt
Denn alle Freud der ganzen Welt.
Dem Teufel sie sein Werk zerstört
Und verhindert viel böser Mörd'.

Das bezeugt Davids, des Königs, Tat,
Der dem Saul oft gewehret hat
Mit gutem, süßem Harfenspiel,
Dass er in großen Mord nicht fiel.

Zum göttlichen Wort und Wahrheit
Macht sie das Herz still und bereit.

Solchs hat Elisäus bekannt,
Da er den Geist durchs Harfen fand.

Die beste Zeit im Jahr ist mein,
Da singen alle Vögelein,
Himmel und Erde ist der' voll,
Viel gut' Gesang da lautet wohl.

Voran die liebe Nachtigall
Macht alles fröhlich überall
Mit ihrem lieblichen Gesang.
Des muss sie haben immer Dank.

Viel mehr der liebe Herre Gott,
Der sie also geschaffen hat,
Zu sein die rechte Sängerin,
Der Musica ein Meisterin.

Dem singt und springt sie Tag und Nacht,
Seins Lobes sie nichts müde macht:
Den ehrt und lobt auch mein Gesang
Und sagt ihm einen ewigen Dank.[85]

85 Martin Luther, 1538. Nachgedruckt in „Luther zum Vergnügen", Stuttgart 1802/2011, S. 133 f.

Literaturverzeichnis

Andree, Martin: Wenn Texte töten. Über Werther, Medienwirkung und Mediengewalt. Paderborn: Fink, 2006.

Arnim, Achim von / Brentano, Clemens von: Des Knabens Wunderhorn. Köln: Anaconda-Verlag, 2015.

(Anonym): Deutscher Liederkranz: Die beliebtesten Gesellschaftslieder, Romanzen, Arien, Chöre aus älteren und neueren Opern. N.p.: in der A. Sorge'schen Buchhandlung, 1846.

(Anonym): Die Mundorgel. Neubearbeitung. Waldbröl: Mundorgelverlag, 2001.

(Anonym): Weltkriegsliedersammlung: mit Unterstützung der Weltkriegsbücherei-Stuttgart, der Deutschen Bücherei-Leipzig und zahlreicher Kriegsteilnehmer bearb. und ausgewählt. Deutschland: Verlag „Der Deutschmeister", 1926.

Apollodor: Bibliotheke. Götter- und Heldensagen (= Sammlung Tusculum). Griechisch und Deutsch. Herausgegeben, übersetzt und kommentiert von Paul Dräger. Artemis & Winkler, Düsseldorf/Zürich 2005.

Aristophanes: Lysistrate. Übersetzt und hrsg. von Niklas Holzberg, Ditzingen: Reclam, 2007.

Behmel, Albrecht: Themistokles, Sieger von Salamis und Herr von Magnesia. Stuttgart, 2. erweiterte Auflage: Ibidem Verlag, 2001.

Böhme, Franz Magnus (Hg.): Volksthümliche Lieder der Deutschen im 18. und 19. Jahrhundert : nach Wort u. Weise aus alten Drucken u. Handschriften, sowie aus Volksmund zusammengebracht, mit krit.-histor. Anmerkungen versehen, Leipzig: Breitkopf & Härtel 1895.

Book, Barbara: „Sabinchen war ein Frauenzimmer ..." Ein Lied mit Geschichte. In: Musik und Leben. Osnabrück 2003, S. 22–27.

Brecht, Bertolt: Über die irdische Liebe und andere Welträtsel in Liedern und Balladen, Auswahl und Vorwort von Günter Kunert. Berlin: Eulenspiegel Verlag, 1990.

Brecht, Bertolt: Und der Haifisch, der hat Zähne – die großen Songs und kleinen Lieder. Berlin: Henschel 1979.

Brodersen, Kai / Kropp, Amina (Hg.): Fluchtafeln: Neue Funde und neue Deutungen zum antiken Schadenzauber, Frankfurt am M.: Verl. Antike, 2004.

Bruneau, Cotilde / Ferry, Luc: Tantalos und weitere Mythen vom Hochmut. Comic. Bielefeld: Splitter-Verlag, 2022.

Bürger, Gottfried August: Leonore, in: Reinhard, Karl (Hg.): Gedichte, Göttingen: Dieterische Buchhandlung 1817, S. 68–83.

Burger, Thomas: Messerballade, in: Schubert, Reinhart (Hg.): Wege zum Lesen, Frankfurt am Main: Diesterweg 1988, S. 105.

Burkert, Walter: Griechische Religion der archaischen und klassischen Epoche. Stuttgart: Kohlhammer, 2011.

Erk, Ludwig (Hg.): Deutscher Liederhort: Auswahl der vorzüglichern deutschen Volkslieder aus der Vorzeit und der Gegenwart mit ihren eigenthümlichen Melodien, Band II, 1893.

Domin, Hilde: Abel steh auf : Gedichte, Prosa, Theorie. Hrsg. von Gerhard Mahr. Stuttgart 1979.

Fesl, Fredl: Ritter Hadubrand, in: Balluseck, Lothar von, Brokerhoff, Karl Heinz (Hrsg.): Geschichten von drüben: Erzählungen und Kurzgeschichten aus Mitteldeutschland. Bad Godesberg 1964, S. 19 f.

Fest, Joachim / Janssen, Horst: Der tanzende Tod. Ursprung und Formen des Totentanzes vom Mittelalter bis in die Gegenwart. Lübeck: Lucifer-Verlag, 1986.

Geisau, Hans von: Myrtilos. In: Ziegler, Konrad / Sontheimer, Walther: Der Kleine Pauly, Bd. 3, Stuttgart: Alfred Druckenmüller Verlag, 1969.

Grant, Michael / Hazel, John: Lexikon der antiken Mythen und Gestalten. Berlin: List, 2009.

Gutzschhahn, Uwe-Michael: Unsinn lässt grüßen, Hildesheim: Gerstenberg, 2012.

Hartung, Johann Adam: Euripides' Orestes. Leipzig: Verlag von Wilhelm Engelmann, 1849.

Heine, Heinrich: Buch der Lieder, Hamburg: Hoffmann & Campe, 1827.

Hengge, Paul: Es steht in der Bibel: Auch Adam hatte eine Mutter, Norderstedt: BoD, 2012.

Herodot: Historien. 7. Buch, Neuübersetzung von Christine Ley-Hutton, hrsg. von Kai Brodersen, Ditzingen: Reclam, 2007.

Hesiod: Theogonie, Norderstedt: Hofenberg / BoD, 2017.

Homer: Ilias. In der Übersetzung von Johann Heinrich Voß, München: Insel Taschenbuch, 1957.

Homer: Odyssee. In der Übersetzung von Johann Heinrich Voß, München: Insel Taschenbuch, 1957.

Homeyer, Helene: Die spartanische Helena und der Trojanische Krieg. Wiesbaden: Verlag Steiner, 1977.

Janssen, Albrecht / Schräpel, Johannes (Hrsg.): Niederdeutsches Balladenbuch. München: G.D.W. Callwey, 1925.

Kaiser, Bruno (Hg.): Echte und falsche Moritaten: Vom Bänkelsang zu Friederike Kempner, Berlin: Rütten & Loening, 1955.

Klenze, Camillo von (Hg.): Deutsche Gedichte, New York: Henry Holt & Co., 1895.

Köhler, Ralf (Hg.): Deutsche Balladen. Von Matthias Claudius bis Wolf Biermann. Frankfurt/Main und Leipzig: Insel-Verlag, 1993.

Kretzschmer, August (Hg.): Deutsche Volkslieder mit ihren Original-Weisen, Erster Theil, Berlin 1840.

Ledergerber, Karl: Kassandra. Das Bild der Prophetin in der antiken und insbesondere in der ältern abendländischen Dichtung. Freiburg (Schweiz): Buchos, 1950.

Longius: Vom Erhabenen, hg. von Otto Schönberger, Stuttgart: Reclam, 1988.
Luther, Martin: Frau Musica, nachgedruckt in dem Sammelband „Luther zum Vergnügen". Stuttgart: Reclam, 1802 / 2011, S. 133f.
Lutz, Walther (Hg.): Antike Mythen und ihre Rezeption. Ein Lexikon. Stuttgart: Reclam, 2009.
Morgenstern, Christian: Alle Galgenlieder, Hamburg: Nikol Verlag, 2022.
Pindar: Olymische Oden, hg. von Wolfgang Schadewaldt, Frankfurt/Main, 1972.
Plutarch: Themistokles, 12,1–15,2, in: Fuhr, Karl (Hg.): Ausgewählte Biographien des Plutarch, 3. Bd., Berlin 1880.
Ranke-Graves, Robert: Griechische Mythologie. Quelle und Deutung. Neuausgabe, Reinbek bei Hamburg, 2003.
Richter, Lukas (Hg.): Die schreckliche Pulver-Explosion zu Harburg und andere echte und wahrhafte Moritaten / Bebildert von Werner Klemke. Berlin: Eulenspiegel-Verlag, 1972.
Riha, Karl (Hg.): Das Moritatenbuch, Frankfurt am Main: Insel Verlag, 1981
Schulten, Gustav (Hg.): Der große Kilometerstein: Eine lustige Sammlung / [Bilder: Heiner Rothfuchs]. Wolfenbüttel: Möseler Verlag, 1962.
Schwab, Gustav: Die schönsten Sagen des klassischen Altertums. Deutsche Nationalbibliothek. Elektronische Reproduktion. 2023.
Seidel, Heinrich: Auf den Rabenklippen, in: Silcher, Friedrich / Erk, Friedrich: Allgemeines Deutsches Kommersbuch, Lahr: Verlag Moritz Schauenburg 1858, S. 570.
Seneca: Thyestes. Deutsch von Durs Grünbein. Hrsg.: Bernd Seidensticker. Frankfurt am Main / Leipzig: Insel, 2002.
Stemmle, Robert Adolf (Hg.): Ja, ja, ja, ach ja, 's ist traurig, aber wahr : Ergreifende Balladen u. tragische Moritaten,

Drehorgellieder u. Gassenhauer / Zeichnungen von E. O. Plauen Berlin-Schöneberg: Gebrüder Weiss-Verlag, 1956.
Tepl, Johannes von: Der Ackermann von Böhmen, hg. von Johannes von Saaz, Leipzig 1924.
Thukydides: Geschichte des Peloponnesischen Kriegs. 8 Bände, übersetzt von Christian Nathanael Osiander, Metzler, Stuttgart 1826–1829.
Vogel-Ehrensperger, Verena: Die Übelste aller Frauen? Klytaimnestra in Texten von Homer bis Aischylos und Pindar. Basel: Schwabe, 2012.
Weigele, Klaus K. (Hg.): Stimmband : Lieder und Songs, Stuttgart: Carus-Verlag, 2012.